단순한 성공법칙

TANJUN-NA SEIKO HOUSOKU
by Kaoru Nakajima
copyrights ⓒKaoru Nakajima, 2003.
All right reserved.

Originally Japanese edition published by Sunmark Publishing Inc., Tokyo.
Korean translation Copyrights ⓒHWANGGUM-BINUL, Seoul.
This Korean edition is published by arrangement with Sunmark
Publishing Inc., Tokyo through Tuttle-Mori Agency, Inc., Tokyo and
Literary Agency Yu Ri Jang, Seoul.

이 책의 한국어판 저작권은 유·리·장 에이전시를 통한
저작권자와의 독점계약으로 도서출판 황금비늘에 있습니다.
저작권법에 의하여 한국 내에서 보호를 받는 저작물이므로
무단전재와 무단복제를 금합니다.

단순한 성공법칙

나카지마 카오루 지음
곽기형 옮김

황금비늘

| 머리말 |

운명을 바꾸는 기회는 가까운 곳에 있다

딱히 성공하지 않아도 된다고 생각하는 사람이 있다면 이 책을 읽으십시오. 성공이란 그냥 수입이 늘고 지위나 명예를 얻는 것이라고 생각하는 사람도 이 책을 반드시 읽어 보시기 바랍니다.

그러나 그 누구보다도 성공의 의미, 즉 '무엇이 내게 가장 행복한 것인가'를 알지 못하거나, '그 행복을 지금 손에 넣고야 말겠다'라고 결심한 사람이라면 반드시 이 책을 읽어야 합니다.

이 책에는 내가 생각하는 행복과 성공에 관한 지극히 간단한 법칙이 정리되어 있습니다. 그 법칙에 따라 당신의 사고방식이나 삶의 방식을 바꾼다면 새로운 자신을 만날 수 있을 것입니다.

매일 우리에게는 수많은 기회가 찾아오고 있습니다. 그것은 미래의 자신이 현재의 자신에게 보내는 성공의 신호입니다. 이 책을 통해 당신도 그 신호를 자신의 것으로 만든다면 더욱 멋진 인생을 가꾸어 나갈 수 있을 것입니다.

나카지마 카오루

| CONTENTS |

머리말   운명을 바꾸는 기회는 가까운 곳에 있다

프롤로그   성공은 단순하다

누구와 만나고 무엇을 선택하느냐에 따라 인생이 결정된다 · 10
만남은 인생의 보물이다 · 12
'나' 와의 만남에서 모든 것이 시작된다 · 15
'기회' 와의 만남이 당신을 바꾼다 · 20
'사람' 과의 만남은 성공을 향한 지름길이다 · 26
'꿈' 과의 만남은 자신이 살아 있다는 증거이다 · 30
작은 시작을 소중히 하면 당신도 백만장자가 될 수 있다 · 32

제1장   '나' 와의 만남
        _나 자신이 모든 것의 시작이다

'오직 하나뿐인 나' 를 만들자 · 39
결점이란 피부에 난 작은 점과 같다 · 44
매력적인 사람은 자신의 결점까지 드러낸다 · 47
핸디캡이 오히려 인생을 더 나은 방향으로 이끌 수 있다 · 52
하고 싶지 않은 일은 억지로 하지 말라 · 57
몰입할 수 있는 일, 가슴 뛰는 일을 하라 · 62

고정관념은 과감히 버려라 · 66
가능성을 찾고 그것에 집중하라 · 71
보이지 않는 나를 찾아라 · 74

제2장 '기회' 와의 만남
_ 기회는 필연의 산물이다

기회는 매일 찾아온다 · 85
주변의 일을 있는 그대로 받아들여라 · 87
호기심이 기회를 잡는다 · 92
질문에 성공의 해답이 있다 · 95
기다리지 말고, 먼저 행동하라 · 100
번뜩이는 직감을 소중히 여겨라 · 103
항상 남들이 기뻐하는 일을 하라 · 107
기회를 성급하게 찾지 말라 · 111
어려운 순간들을 역전의 기회로 삼아라 · 114
기회에도 순서가 있다 · 118
기회는 겸손한 사람을 좋아한다 · 121
'아깝다' 는 생각을 항상 가슴속에 품어라 · 124

제3장　'사람'과의 만남
_내일 만날 사람이 당신의 운명을 바꾼다

사람을 많이 만날수록 기회는 늘어난다 · 131

스스로 만남을 찾아라 · 138

이성보다는 느낌으로 사람을 보라 · 142

좋은 인사말은 관계를 발전시킨다 · 146

상대방의 삶과 가치관을 존중하라 · 149

장점은 발견하면 할수록 커진다 · 154

무조건 칭찬하지 말고 진심으로 흥미를 가져라 · 157

성의 있는 태도가 사람을 움직인다 · 162

긍정적인 답변이 의욕을 일으킨다 · 167

상대방에게 '꼭 필요한 사람'이 되라 · 172

제4장　'꿈'과의 만남
_꿈은 모든 것을 실현시키는 힘이다

먼저 당신의 꿈을 찾아라 · 179

의지가 있는 곳에 꿈이 있다 · 181

진심으로 원할 때 꿈은 이루어진다 · 186

꿈을 이루기 위한 다섯 가지 약속 · 190
    1. 상상한다
    2. 미래를 믿는다
    3. 행동한다
    4. 포기하지 않는다
    5. 사람을 만난다

작은 꿈들이 큰 꿈을 만든다 · 205
성공은 실패의 뒷면이다 · 209
꿈을 이루는 데 늦은 일은 없다 · 212

에필로그   모든 만남은 성공의 초대장이다

나만의 에너지를 찾아라 · 216
다른 사람을 기쁘게 하는 것이 내가 행복해지는 길이다 · 218
최선의 만남이 운명을 바꾼다 · 222
'성공한 나'와 만나기 · 228

프롤로그

성공은 단순하다

누구와 만나고 무엇을 선택하느냐에 따라 인생이 결정된다

'행복해지고 싶다', '내가 원하는 삶을 살고 싶다'라는 것은 많은 사람들의 공통된 소망입니다. 그러나 세상에는 자신이 바라는 대로 살지 못하는 사람이 그러한 소망대로 사는 사람보다 무척 많습니다. 이 책을 손에 든 당신도 '왜 이렇게 일이 꼬이기만 하지?', '열심히는 살고 있는데 왜 생각대로 되지 않을까?'라는 착잡한 기분으로 하루하루를 보내고 있지는 않습니까?

반면에 매일이 행복하고 하는 일마다 잘되어 인생을 즐기면서 살아가는 사람들도 있습니다.

운이 좋은 사람과 나쁜 사람, 모두 같은 사람이건만 이런 차이는 도대체 어디에서 오는 것일까요? 재능, 혹은 노력, 아니면 하늘이 내려 준 운명이 그렇게 만드는 것일까요?

나는 이렇게 말하고 싶습니다. 그 차이는 오로지 '만남'에 있다고 말입니다. '누구와 만나고, 무엇을 선택할 것인가'에 따라 그 사람의 인생이 결정된다는 것이 바로 내가 내린 최종 결론입니다.

실제로 나는 "어떻게 하면 카오루 씨같이 행복한 인생을 보낼 수 있습니까?", "어떻게 하면 행복한 일만 일어나게 할 수 있습니까?"라는 질문을 자주 받습니다. 그 열쇠는 오직 하나, 바로 만남입니다. 51년간 살아오면서 내가 겪은 만남이 내 인생을 극적이고 멋진 방향으로 바꾸어 주었습니다.

구체적으로 말하자면, 수많은 사람과 사물과의 만남이 있었고 많은 사고방식을 접했으며 수많은 사례를 체험함으로써 다양한 선택의 폭을 가질 수 있었습니다. 그 중에서 앞으로의 인생을 바람직하게 이끌어 줄 힌트를 찾아내고, 그것을 하루하루의 생활 속에서 소중하게 키워 왔던 것입니다. 현재의 나는 그 결과물에 지나지 않습니다.

지금부터라도 늦지 않았습니다. 수많은 만남을 통하여 그것을 인생의 양식으로 삼아야 합니다. 다양한 사람이나 사물과의 만남을 통해 나를 바람직한 방향으로 이끌어 줄 기회를 만들고, 그것을 성공의 계기로 삼길 바랍니다.

만남은 인생의 보물이다

우리의 인생은 태어나면서부터 만남의 연속입니다. 부모, 형제자매, 학교 선생님, 친구, 선배, 후배, 직장상사, 거래처 사람 등······.

물론 지금도 매일 여러 사람들을 만나고 있습니다. 신문 구독을 권하러 온 사람에게 "자전거 한 대 주실 건가요?"라고 했을지도 모르고 길을 가다가 처음 보는 사람한테 "○○역은 어떻게 가야 합니까?"라는 질문을 받았을지도 모릅니다. 채소가게에 갔더니 아주머니가 "이건 방금 들어왔으니까 샐러드로 드시면 맛있을 거예요"라고 권해 주었을지도 모릅니다. 이렇게 우리는 여러 방식으로 다양한 사람들과 만나고 있습니다. 이것은 비단 사람에게만 한정된 것은 아닙니다. 책, 영화, 스포츠, 음악 등도 마찬가지입니다. 음악 하나만 예를 들더라도 고교시절에 심취했던 비틀스의 곡이나 출장을 갔다가 자주 들었던 전미 히트 차트의 생소한 곡, 심금을 울렸던 곡 등 이루 헤아릴 수가 없습니다.

또 '졸업여행으로 이탈리아에 갔다 왔다', '원하던 회사에 입사했다', '국가시험에 합격했다', '그(그녀)에게 차였다', '교통사고를 당해 발을 다쳤다'는 따위의 체험들도 모두 하나의 만남이라 할 수 있습니다.

여기서 반드시 명심해야 할 일이 있습니다. '원하던 회사에 입사했다', '국가시험에 합격했다'와 같은 좋은 일이 항상 좋은 결과를 낳고 '그(그녀)에게 차였다', '교통사고를 당해 발을 다쳤다'와 같은 일이 항상 나쁜 결과를 낳는 게 아니라는 것입니다. 다시 말해 일어난 현상 자체보다 거기에서 누구와 만났고 어떤 생각이 들었고 무엇을 깨달았는가가 무엇보다도 중요한 것입니다. 왜냐하면 그런 일들이 당신의 인생을 크게 바꿀 가능성을 가졌기 때문입니다.

다만 이러한 수많은 만남 속에서 운명을 호전시킬 힌트를 어떻게 끄집어내느냐는 것이 문제일 따름입니다. 이게 의외로 어렵습니다. 선택을 잘못하면 인생이 마이너스 방향으로 가 버릴 수도 있기 때문입니다. 들어가기 어려운 학교에 입학했더니 강의가 어려워서 따라가지 못해 어려움을 겪고 있다든가 일류 회사에 들어가긴 했지만 재능을 발휘하지 못하고 그만 고개 숙인 남자가 되고 말았다는 식의 이야기는 주변에서 흔히 들을 수 있습니다.

그러나 걱정할 필요 없습니다. 나는 지금까지 나의 삶에서 가장 소중한 만남이 무엇이었나를 생각한 결과 다음과 같은 결론을 얻었습니다. 그것을 응용한다면 당신도 자신의 인생을 지금보다 훨씬 멋지게 꾸려 갈 수 있을 것입니다.

그것은 바로 다음 '네 가지 만남'에 신경을 쓰는 것입니다.

'나'와의 만남, '기회'와의 만남, '사람'과의 만남, '꿈'과의 만남. 이 네 가지의 만남이 운명을 호전시키는 데 왜 중요한지, 우선 그 이유부터 살펴보겠습니다.

'나'와의 만남에서 모든 것이 시작된다

나는 네 가지 만남 중에서 '나'와의 만남을 최우선으로 꼽고 싶습니다.

나를 모르면 자신의 개성이나 재능을 자각할 수 없습니다. 개성이나 재능을 자각하지 못하면 일을 하는 데 있어서 능력을 발휘할 수 없고, 일의 보람도 느끼지 못합니다. 그런 인생은 정말 재미가 없습니다.

생각해 보십시오. 2002년에 노벨상을 수상한 다나카 씨처럼 연구개발에 몰두하고 싶어하는 사람에게 영업을 맡기면 어떻게 될까요? 아마도 톱클래스의 영업사원이 되기는 어려울 것입니다. 왜냐하면 당사자부터 이런 일은 자신에게 맞지 않다는 생각을 하므로 그 일에 온 힘을 다 기울이지 못할 것이기 때문입니다. 따라서 해냈다는 의지도, 상품을 보다 많이 팔 수 있는 창의성도 이끌어 내지 못할 것입니다. 그러니 당연히 성과가 오르지 않겠죠.

반대로 그런 사람이 자신이 좋아하는 연구개발에 관련된 일에 종사하면 더할 나위가 없습니다. 자신의 개성과 재능을 살릴 수 있기 때문에 관련된 일은 무엇이든 잘 처리할 수 있을 것이고 기술이나 노하우도 다른 사람보다 빨리 습득할 것입니다. 그리고 의지와 탐구심도 왕성해서 마음껏 창의력을 발휘하게 됩니다. 따라서 항상 긍정적인 사고방식을 가지게 될 것이고 실패를 한다 해도 그것을 극복해 낼 수 있는 힘을 가질 수 있게 될 것입니다.

직종은 상관없습니다. 샐러리맨이 적성에 맞는 사람이 있는가 하면 프리랜서나 자영업이 적성에 맞는 사람도 있습니다. 전자는 조직에 속함으로써 재능을 발휘하는 사람이고 후자는 조직에 속하지 않고 혼자서 재능을 발휘하는 사람입니다. 이 점을 간과하면 좋은 직업을 가지고서도 결과가 나쁜 방향으로 흐를 가능성이 높습니다.

나는 고등학교를 졸업한 후 고향인 시마네 현에 있는 '야마하'라는 회사의 특약점에서 8년 정도 샐러리맨 생활을 했습니다. 악기를 판매하는 일이었는데 판매 실적도 좋았고 나름대로 즐거웠습니다.

그러나 마음 한구석에서는 '혹시 내 적성에 잘 맞는 다른 일이 있을지도 몰라'라는 생각이 떠나지 않았습니다. 그 후 내가 작곡한 〈굿바이 모닝(good-by morning)〉이라는 곡이 야마하가 주최한 '세계가요제'에서 그랑프리를 수상해 작곡가 생활을 시작하게 되었습니다. 그렇게 방향 전환을 하기로 결정했을 때 마음속에서는 도쿄에 가면 어떤 새로운 계기가 생길지도 모른다는 생각이 일기 시작했습니다.

그랑프리를 수상했다고 해서 곧바로 작곡가로 전업해 성공하고 말겠다는 생각은 하지 않았습니다. 그러나 도쿄에 가면 어떤 새로운 만남이 있을 것이고, 그 만남이 더 큰 가능성을 열어 줄지도 모른다는 느낌이 들었던 것입니다.

그런 이유로 작곡가 생활을 시작했기에 얼마 안 가서 금방 '이건 아니야. 뭔가 부족해. 또 다른 무엇이 있지 않을까?'라는 생각을 하게 되었습니다. 그러나 그것이 무엇인지 당시에는 잘 몰랐습니다. 그리고 그렇게 머릿속으로 선문답을 되풀이하던 중에 깨달음을 얻어 선택한 것이 바로 지금 하고 있는 일입니다.

지금 내가 하는 일은 시간의 구속을 받지 않습니다. 인간관계로 구속받는 일도 없습니다. 작업할당량이란 것도 없습니다. 나를 문책하고 평가하는 사람도 없고, 실적이 저조하다고 해서 풀이 죽거나 주위의 눈치를 살피지 않아도 됩니다. 다만 내 일이기 때문에 내가 내린 결정이 나중에 결과가 되어 그대로 돌아올 뿐입니다.

그런 장점이 있다는 사실을 깨달은 순간 '내가 진정으로 원했던 일이 바로 이것이었어!'라는 확신이 들었습니다. 악기 판매를 하고 있었을 때나 작곡가 생활을 할 때는 늘 뭔가 부족하다는 생각에서 벗어날 수 없었는데, 지금 하는 일에서는 그러한 점을 전혀 느끼지 않고 있습니다. 다시 말해 내가 진실로 원했던 것은 바로 '자유'였던 것입니다. 다른 사람을 위해 일하는 게 아니라 자신의 의사결정에 따라 내 페이스대로 일을 하고 싶었고, 그렇게 자유로운 상태에서 일하는 것이 진실로 나다운 생활 방식이라는 사실을 깨달은 것입니다.

이런 우여곡절을 거쳐 진정한 내가 무엇인지에 눈을 뜬 나는 정말 자유롭게 살아가고 있습니다. 주위에서는 어려운 일을 한다고들 하지만 내가 하고 싶어하는 일이기에 스트레스도 쌓이지 않고 고생이라는 생각도 들지 않습니다. 하루 일정이 꽉 차서 숨 돌릴 틈도 없지만 그 모든 것이 내가 결정한 '하고 싶은 일'이기에 싫다는 생각이 들지 않는 것입니다. 오히려 자신의 개성이나 재능을 마음껏 발휘할 수 있으니 정말 보람 있는 일입니다.

당신이라고 예외는 아닙니다. 나처럼 당신도 어떠한 계기로 인해 진정한 '나'에 눈을 뜬다면 당신의 인생은 놀라울 정도로 바뀔 것입니다.

그렇다면 어떻게 진정한 '나'와 만나고 진정한 나다움에 눈을 뜰 수 있을까요? 그 점에 대해서는 1장에서 충분히 살펴보기로 하지요.

'기회'와의 만남이 당신을 바꾼다

네 가지 만남 중에서 그 다음으로 들고 싶은 것이 기회와의 만남입니다. 두말할 필요 없이 기회야말로 성공의 계기를 만들어 주고 꿈을 실현시켜 주는 데 꼭 필요한 것이기 때문입니다.

기회라고 하면 평생에 몇 번 오지 않는 '대단한 것'으로 생각하는 사람들이 많은데, 사실은 그렇지 않습니다. 기회는 한 장 한 장 뜯어내는 달력처럼 매일 찾아오는 것입니다. 그럼에도 불구하고 모르고 그냥 지나치는 것은 기회가 어떤 뚜렷한 형태를 가지지도 않고, 갑작스럽게 의외의 형태로 찾아오는 경우가 많기 때문입니다.

내가 지금의 일을 처음 만났을 때가 그랬습니다. 어느 날 평소 알고 지내던 한 여성이 대단한 비즈니스가 있는데 한 번 이야기라도 들어보지 않겠느냐고 전화를 한 것입니다. 나는 작곡가라는 본업을 가지고 있었지만 호기심에 일단 설명회장에 가 보기로 했습니다. 그리고 가서는 깜짝 놀라고 말았습니다. 50여 명의 사람이 모여 있었는데, 세상에 모두가 주부였고 남자라고는 나 혼자뿐이었던 것입니다.

'뭐야, 굉장한 비즈니스라고 하더니 고작 주부들이 심심풀이로 하는 일이잖아.'

난 너무 실망스러워서 양해를 구하고 그냥 돌아갈까 생각도 했습니다. 그러나 주부들이 하는 일 같아서 못하겠다고 말하는 게 구차한 변명 같다는 생각도 들고 해서, 그냥 이야기나 들어 보고 거절할 명분이라도 찾은 후에 돌아가기로 마음먹고 일단 설명을 듣게 되었습니다.

결과부터 말하면 그때 내린 결정이 내 운명을 바꿔 놓고 말았습니다. 이야기를 듣다 보니 이건 꼭 주부가 아니라도 할 수 있는 일이라는 생각이 들었고, 나중에는 굉장히 재미있는 일일지도 모르고 나한테 딱 맞는 일일 것 같다는 예감도 들었습니다. 실제로 그 비즈니스로 나는 대성공을 거두었고 지금 내가 바라던 삶을 살아가고 있습니다.

인생을 시뮬레이션한다는 건 난센스일지도 모르겠지만, 만일 그때 설명도 제대로 듣지 않고 설명회장을 떠나 버렸다면 나는 지금과는 완전히 다른 삶을 살고 있을 것입니다. 그것이 바로 기회의 모습입니다. 참으로 알다가도 모를 일이 바로 인생인 것 같습니다.

또 다른 이야기지만 최근에도 굉장한 기회가 찾아왔습니다. 아니, 엄청나게 놀랄 만한 체험을 했다고나 할까요? 세계적인 피아니스트가 우리 집에 와서 나를 위해 피아노를 연주해 준 것입니다. 쇼팽 콩쿠르에서 우승한 천재 피아니스트인 스타니슬라프 부닌(Stanislav Bunin), 바로 그 사람이 말입니다. '뭐라고? 말도 안 돼. 거짓말일 거야'라고 생각하는 분들을 위해 일의 경위를 간단하게 설명해 드리겠습니다.

일의 발단은 내 친구가 사는 집 근처에 우연히 부닌 일가가 이사를 오면서 시작되었습니다. 친구에게 그 소식을 전해 듣고서 나도 모르게 "부닌 씨를 우리 집에 초대하고 싶어!" 하고 소리쳤습니다. 부닌 씨가 연주하는 쇼팽의 녹턴을 좋아했던 나였던 만큼 어떤 운명적인 것을 느끼고 그랬는지도 모르겠습니다. 그러나 그 시점에서는 부닌 씨가 그냥 내 친구 집 근처에 살고 있다는 것뿐, 그런 바람은 꿈에 지나지 않았습니다. 상식적으로 생각해도 거의 불가능한 일이라는 것은 나도 잘 알고 있었습니다.

그런데 엄청난 우연이 일어났습니다. 내 친구의 아들과 부닌 씨의 아들이 초등학교에서 같은 반이 되었고, 거기다 서로의 집을 자주 왔다 갔다 하는 친한 사이가 된 것입니다.

그리고 잊을 수 없는 2003년 3월 25일. 부닌 씨의 아들이 친구 집에서 정신없이 놀다가 그만 한밤중이 되어 버렸습니다. 아이의 귀가가 늦어지자 부닌 씨 부부가 아이를 데리러 온 것입니다. 때마침 제 친구 집에서는 그날 지인의 가족들을 초대하여 바비큐 파티를 열고 있었습니다. 그래서 내 친구는 부닌 씨 부부에게 "같이 파티라도 즐기지 않겠습니까?" 하고 권했던 것입니다. 그랬더니 폐가 안 된다면 그러고 싶다는 대답이 돌아왔습니다. 이런 연유로 부닌 씨도 파티에 동석하게 된 것입니다.

친구가 내게 전화를 건 것은 바로 그 직후였습니다.

"부닌 씨가 마침 우리 집에 와 있는데 오지 않을래?"

갑작스런 일이었지만 이것저것 생각할 겨를도 없이 허둥

지동 친구 집으로 간 나는 꿈에도 그리던 부닌 씨를 만날 수 있었습니다.

그리고 그날의 대화로 서로의 마음이 어느 정도 통했다고 생각한 나는 큰맘 먹고 부닌 씨에게 "저를 위해서 피아노를 연주해 주실 수 없을까요?" 하고 부탁했습니다. 말은 해 보고 볼 일인 것이죠. 부닌 씨는 우리를 자택에 있는 스테이지로 안내해 거기에서 피아노를 연주해 주었습니다. 감격! 또 감격! 더 이상 무슨 말이 필요하겠습니까. 덕분에 나는 꿈과 같은 한때를 보낼 수 있었습니다.

연주가 끝난 후 나는 부닌 씨에게 언제까지 일본에 체류할 예정인지 물어보았습니다. 일류 피아니스트의 스케줄은 정말 대단했습니다. 콘서트 때문에 며칠 후에는 이탈리아에 가야 한다는 것입니다. 나는 어떻게 해서든지 우리 집에서 부닌 씨의 피아노 연주를 듣고 싶어서 염치 불구하고 부탁을 해 보았습니다. 그런데 정말 믿을 수 없는 일이 일어났습니다. 그가 흔쾌히 승낙한 것입니다. 이렇게 해서 이틀 후인 3월 27일 부닌 씨가 우리 집에 와서 라흐마니노프와 슈베르트, 그리고 내가 제일 좋아하는 쇼팽의 녹턴까지 연주해 준 것입니다.

어떻습니까? 믿기지 않는 일이지요? 설마 이런 기회가 찾아오리라고 꿈엔들 생각이나 했겠습니까? 나는 지금도 그때 생각을 하면 꿈을 꾸고 있는 기분입니다. 생각지도 않게 우연히 만난 그날의 상황을 생각해 본다면 기적이라고밖에 생각할 수 없습니다.

그렇지만 이것은 기적이 아닙니다. 꿈이 이루어지도록 나 자신이 적극적으로 움직이고 행동한 결과 우연을 필연으로 바꾸어 놓을 수 있었던 것입니다. 어느 날 갑자기 찾아올지도 모를 기회를 위해 미리 준비하고 있었을 따름입니다.

그럼 어떻게 하면 나처럼 우연을 필연으로 바꿀 수 있을까요? 나도 모르게 찾아오는 기회를 잡기 위해서는 어떤 점에 유의해야 할까요? 그 점에 대해서는 2장에서 자세하게 설명하겠습니다.

'사람'과의 만남은 성공을 향한 지름길이다

앞서 말했던 것처럼 알고 지내던 한 여성의 권유가 나를 지금의 일로 이끌어 주었고, 친구에게 걸려 온 전화 한 통이 나와 부닌 씨의 만남을 가능하게 해 주었습니다.

이렇게 볼 때 기회란 결코 홀로 찾아오지 않는다는 것을 알 수 있습니다. 그리고 그것이 사람과 크게 관련되어 있다는 것도 알 수 있습니다. 즉 사람과 만나는 횟수만큼 기회가 생긴다는 것이며, 그런 의미에서 사람과의 만남이 무엇보다 소중한 것입니다.

실제로 대부분의 꿈이나 소망, 혹은 성공의 계기는 그 형태가 어떠하든 반드시 사람에 의해 이루어진다고 단언할 수 있습니다. 성공한 사람들은 대부분 재능이나 노력이라는 개인적 요소 이외에 다른 사람의 원조라는 외적인 힘에 의해 결정적인 기회를 얻습니다.

샐러리맨도 예외는 아닙니다. 만일 당신이 직장에서 과장이란 자리에 있다면 그것은 당신 혼자만의 노력으로 된 것이 아니라, 당신을 위로 끌어올려 준 윗사람, 옆에서 혹은 밑에서 밀어 올려 준 동료나 부하의 도움과 협력이 있었기 때문입니다.

그러나 세상에는 '내가 여기까지 올라올 수 있었던 것은 나한테 그만한 능력이 있다는 증거야'라고 생각하는 사람이 의외로 많습니다.

부끄러운 일이지만 나도 한때는 그랬습니다. 고향인 시마네 현에서 악기 영업을 할 때, 다른 동료들은 다리품 팔아가며 불특정 다수를 상대하고 있었습니다. 그러나 나는 그런 방식은 비효율적이라는 생각이 들어 다르게 시도해 보기로 했습니다. 이른바 '입소문'이란 것을 이용해 보기로 한 것입니다.

어떤 방식이냐 하면, 우선 지역의 음악학원을 찾아가 학원 선생님과 친분을 쌓습니다. 그리고 그 선생님에게 어느 집에서 피아노를 사고 싶어하는지, 어느 집 아이가 전자오르간을 필요로 하는지 정보를 입수합니다. 그 정보를 토대로 살 가능성이 있는 집을 방문합니다. 방문해서 이런 저런 이야기를 하다가 ○○ 선생님이 자제분의 피아노 실력이 다른 아이들보다 월등히 뛰어나다고 칭찬했다는 말을 슬쩍 던집니다. 그러면 "어머나, ○○ 선생님이 그런 말씀을 하셨어요" 하고 상대방도 기뻐합니다. 결국 ○○ 선생님과 친분이 있다니 믿음이 간다고 하면서 나에게 피아노를 사게 되는 것입니다.

물론 파는 걸로 끝이 나서는 안 됩니다. 그 후에도 피아노의 상태는 어떤지, 아이가 피아노를 더 좋아하게 됐는지, 실력은 늘었는지 꾸준히 관심을 기울이면서 애프터서비스를 철저히 해야 합니다. 그러면 그 손님이 다른 손님을 소개해 주는 식으로 나아가게 되는 것입니다. 내 영업실적이 톱을 달린 건 당연한 일이었습니다.

그 당시의 나는 내가 노력한 결과라고 자신만만해 했습니다. 지금 생각해 보면 정말 부끄러운 일입니다. 사람과의 만남이 인연이 되어 그 인연으로 모든 게 이루어졌다는 사실을 깨닫지 못하고 자신의 능력만으로 이루어진 것이라 착각했던 것입니다.

그러나 그런 나의 사고방식과 가치관은 지금의 일을 하면서 서서히 변해 갔습니다. 정확하게 말씀드리면 '나는 해야 할 일을 했고, 좋은 결과가 나왔다. 한마디로 난 잘난 놈이다' 라는 데서 '많은 사람들과의 만남이 있었고 그분들이 도와줬기 때문에 오늘날의 내가 있을 수 있었다' 라는 가치관으로 바뀐 것입니다.

그뿐만이 아닙니다. 이 일을 시작한 이후로 수많은 사람들과의 만남을 통해 사고방식이나 행동이 변화하는 등 나 자신이 크게 성장했음을 느끼고 있습니다. 사람의 내면적인 고통을 이전보다 훨씬 잘 이해하게 된 것입니다. '이런 말을 하면 상처를 받을지도 몰라, 이렇게 하면 저 사람은 기뻐할 거야'와 같이 남을 배려하는 마음이 예전에 비해 훨씬 깊고 넓어진 것입니다.

그런 의미에서 나는 지금의 일에 감사하고 있습니다. 앞으로도 나와는 다른 세계에 살고 있는 다른 개성을 가진 사람들과의 만남을 통해 나 자신의 인간성을 더욱 갈고닦을 생각입니다.

그렇다면 기회를 가져다 주고 인간미를 고양시켜 줄 사람과의 만남을 가지려면 어떤 마음가짐이 필요할까요? 자신이 만난 사람과 진정한 신뢰관계를 구축하려면 어떤 점에 유의해야 할까요? 거기에 관해서는 3장에서 구체적으로 설명하겠습니다.

'꿈' 과의 만남은 자신이 살아 있다는 증거이다

네 가지 만남 중에서 마지막으로 주목해야 할 것이 바로 꿈과의 만남입니다.

인간이란 꿈이 있어야 생활에 활력을 얻고, 또 살아가는 보람도 느낍니다. 꿈이 하루하루를 즐겁게 합니다.

해외여행에 빗대어 보면 알기 쉬울지도 모르겠습니다. 가령 당신이 여름휴가 때 친구와 함께 유럽여행을 가기로 했다고 합시다. 일주일 후면 꿈에도 그리던 유럽에 도착합니다. 그럴 경우 당신이라면 어떤 생각을 할까요? 아마도 틈만나면 이런 생각을 하지 않을까요.

'그리스 해변에서 바라보는 저녁 노을은 얼마나 멋있을까.'

'큰맘 먹고 가는 거니까 바다가 보이는 호텔에서 근사한 식사를 해야지.'

'미술관이나 박물관, 오페라도 보러 가야지.'

이런 걸 머릿속에 그리고 있으면 유럽에서 휴가를 즐기는 자신의 모습이 보다 선명하게 느껴져 하루하루가 활기차고 즐거워질 것입니다.

평소라면 불만스럽던 귀찮은 잡무가 주어져도 싫은 내색 하나 없이 웃는 얼굴로 할 것이고, 잔업이 계속되어도 얼마 안 가 유럽에 간다는 생각 때문에 즐거운 마음으로 하지 않을까요?

이제 아셨겠지요. 꿈도 똑같은 효과가 있는 것입니다. 꿈이 있으면 하루하루가 즐겁고 얼굴에는 웃음이 넘쳐납니다. 꿈을 가지고 있으면 남이 보기에는 힘든 일도 본인에게는 하나도 힘들지 않습니다. 어려움에 빠져도 그것을 극복해 나가려는 의욕이 넘쳐납니다. 꿈을 꿀 수 있는 힘은 당신에게 이렇게 좋은 시간을 가져다 줄 것입니다.

이제 당신도 하루하루가 즐거운 사람이 되길 바랍니다.

그러기 위해서는 꿈을 가져야 합니다. 삶의 보람에 직결되는 꿈을 만나 꿈은 반드시 이루어진다는 강한 의지를 가져야 합니다. '무슨 일이 있어도 이루고야 말 거야', '이건 반드시 실현시키고 말 거야'라는 굳센 의지를 가지고 꿈이 이루어진 이후의 일을 구체적으로 머릿속에 그리면서 희열에 빠져드는 순간 당신의 꿈은 이미 꿈이 아닌 '예정'이 되어 있을 것입니다.

작은 시작을 소중히 하면 당신도 백만장자가 될 수 있다

지금까지 운명을 바꾸어 줄 네 가지 만남, '나', '기회', '사람', '꿈'의 중요성에 대해 살펴보았습니다. 그런데 본론에 들어가기 전에 한 가지 명심해야 할 게 있습니다. 그것은 이 네 가지 만남이 서로 긴밀하게 연관되어 있다는 점입니다.

예를 들면, 진정한 내가 뭔지 잘 모르고 있었는데 어떤 사람을 만나 그 사람이 대수롭지 않게 던진 한마디로 진정한 '나'에 눈뜨게 되었고, 그래서 꿈을 가졌고, 그 꿈을 늘 머릿속에 그리고 있었더니 멋진 기회가 찾아왔다는 그런 일도 가능하지 않을까요?

혹은 나다움을 자각함으로써 꿈이 생기고, 그 꿈을 실현시키기 위해 노력했더니, 지인이 어떤 사람을 소개해 줘서 그 사람이 꿈을 실현시킬 수 있는 기회를 제공해 주었다. 또는 꿈을 실현시키기 위해 노력하던 중에 진정한 '나'에 대해 눈뜨게 되어 진로를 수정했더니 어떤 사람을 만났고, 그 사람이 큰 기회를 가져다 주었다는 경우도 있을 것입니다.

이렇게 모든 만남은 서로 긴밀하게 연결되어 있습니다.

여러분은 '지푸라기 백만장자'라는 옛날이야기를 알고 계십니까?

부자가 되고 싶어 부처님께 소원을 빌던 가난한 남자가 그 절을 나가서 맨 처음에 만진 물건을 가지고 여행을 떠나면 부자가 될 것이라는 계시를 얻습니다. 절을 나서자마자 남자는 돌부리에 걸려 넘어져 길바닥에 떨어져 있던 지푸라기를 잡게 됩니다. 그리고 이 지푸라기로 때마침 잡은 등에를 붙들어 맸더니 어떤 사람이 귤과 바꾸자고 합니다. 이 귤을 나중에는 말과 교환하게 되어, 말을 끌고 가다가 큰 부자를 만나게 됩니다. 그는 부자에게서 이런 제안을 받습니다.

"급한 볼일이 있어서 먼 길을 가야 하는데, 당신의 말과 내 집을 바꾸지 않겠소?"

가난한 남자가 그 제안을 받아들인 것은 물론입니다.

이렇게 해서 이 가난한 남자는 지푸라기 하나로 큰 집을 가지게 되었다는 옛날이야기입니다.

돌부리에 걸려 넘어져 지푸라기 하나를 잡았는데, 그게 결국에는 큰 집으로 바뀌어 버립니다.

당신에게도 충분히 일어날 수 있는 일입니다. 그러므로 아무리 사소한 계기라도 소중히 해야 합니다. 어떤 사람과 알게 된다든지, 무엇을 느낀다든지, 혹은 뭔가 잘 이해가 가지 않는 일이 일어났을 때 '혹시 이것도 인연이 아닐까', '좋은 일이 일어날 징조가 아닐까' 라고 마음속에 새겨 볼 일입니다. 설령 나쁜 일이 일어나더라도 '이렇게 된 데에는 분명 무슨 의미가 있을 거야'라고 생각해 보면 어떨까요?

늘 그런 생각을 품고 있다 보면 옛날이야기 속의 지푸라기, 즉 운명을 역전시켜 줄 싹 같은 것이 어렴풋이나마 눈에 보이게 될 것입니다.

그것이 오랜 시간 찾아 헤매던 진정한 '나'에 눈뜰 계기가 될지도 모를 일이고, 성공의 기회를 잡을 수 있는 출발점이 될지도 모를 일입니다. 혹은 당신의 인생관이나 생활양식을 보다 좋은 방향으로 이끌어 줄 만남이 될지도 모릅니다. 아니면 삶의 보람을 느끼게 해 줄 꿈으로 이끌어 줄지도 모릅니다.

그게 무엇인지 처음에는 잘 모르겠지요. 그러나 무슨 일이든 그 속에서 의미를 찾으려고 노력한다면, 긍정적인 마음을 간직한다면 지푸라기 하나로 부자가 된 사람처럼 당신의 인생도 점점 바람직한 방향으로 나아가게 될 것입니다.

자, 이제 나와 함께 당신만의 지푸라기를 찾는 여행을 떠나도록 합시다.

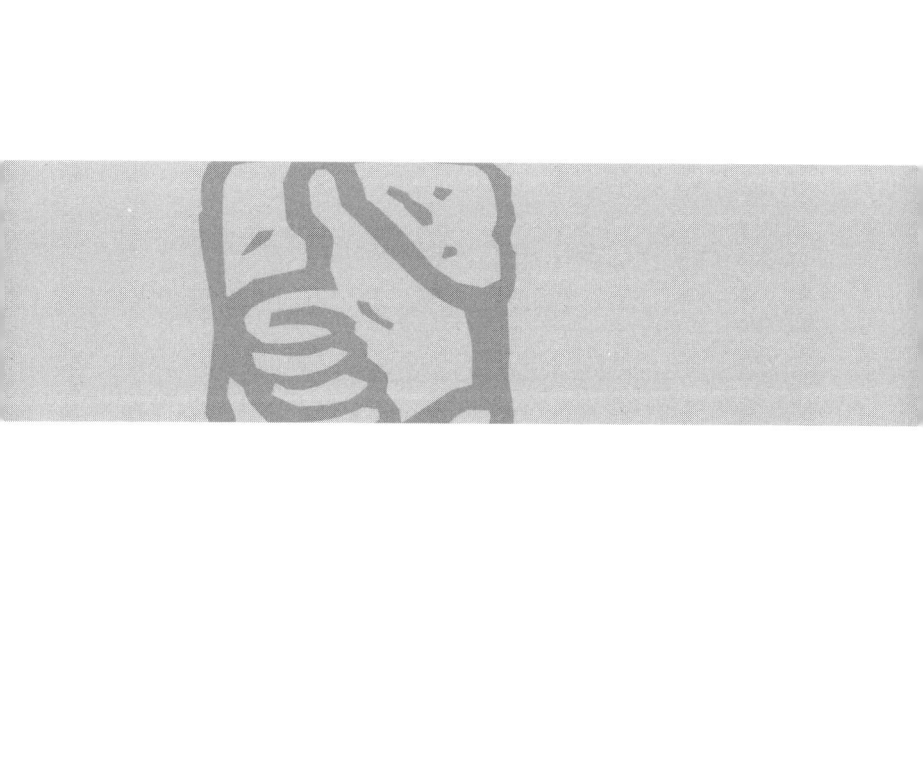

1장

'나'와의 만남

당신도 '내가 진정으로 바라는 것은 무엇일까?',
'나에게 바람직한 생활방식이란 무엇일까?'에 대해
좀더 넓은 관점에서 생각해 보시기 바랍니다.
이때 가장 중요한 것은 허영심이나 이해득실,
자존심과 같은 나를 속박하는 겉치레들을
과감히 버려야 한다는 것입니다.
그렇게 할 때 신경 써야 할 부분,
쓰지 않아도 될 부분이 더 명확해질 것입니다.

 '나'와의 만남

나 자신이 모든 것의 시작이다!

'오직 하나뿐인 나'를 만들자

나다움을 유지하려면 허영심이나 우월의식을 버려야 합니다. 그런 의식은 나다움을 빼앗아 갈 뿐만 아니라 여러 가지 손해만 입힙니다.

그런 생각을 하고 있으면 '저 사람보다 잘해야 하는데', '저 사람에게는 절대로 지고 싶지 않은데'라는 의식이 점점 부풀어 올라 남과 경쟁하는 데에만 정신을 팔게 됩니다. 그러다 도를 넘어서면 '내가 최고가 되어야 한다'는 망상에 사로잡히게 됩니다.

만일 당신이 올림픽에 출전해서 금메달을 목표로 한다면 이야기는 달라집니다. 그것은 그 자체로 아주 훌륭한 목표이니까요.

그러나 여기서도 반드시 명심해야 할 것이 있습니다. 설령 당신이 올림픽에 출전해서 금메달을 땄다고 하더라도 영원한 일인자는 될 수 없다는 점입니다. 그 이유는 말씀 안 드려도 물론 아시겠지요. 그렇습니다. 최고란 기록으로 지탱되는 것이므로 언젠가는 다른 사람이 당신의 기록을 깨뜨리고 말 것입니다. 즉 최고란 늘 유동적인 것이지요.

실례가 되는 말일지 모르겠지만 아마도 당신은 올림픽과 같은 숭고한 차원에서 사물을 생각하지는 않을 것입니다. '다른 동료나 상사에게 칭찬받고 싶다', '이성에게 인기 있는 사람이 되고 싶다', '다른 사람에게 없는 명품을 갖고 싶다'와 같은 내 입장에서 보자면 참으로 하찮은 일에 에너지를 낭비하고 있는 건 아닐까요? 누군가가 당신을 추월하면 당신은 '아이, 분해', '절대로 지고는 못살아' 하고 사태를 반전시키려 할 것입니다. 참으로 어리석은 일이라고 생각하지 않습니까?

결국 남과 자신을 비교하는 일은 일희일비를 되풀이하는 일일 뿐, 시간낭비에 지나지 않는 것입니다. 그것은 남에게 예속되어 살아가는 일입니다. 만일 당신이 지금 그런 사고방식에 사로잡혀 있다면 이 순간부터 그것을 버려야 합니다. 그리고 어떻게 하면 자신에게 주어진 인생의 시간을 의미 있게 보낼 수 있을까를 생각해 보아야 합니다.

지금 이 순간부터 '남보다 뛰어나고 싶다', '최고가 되고 싶다'는 생각일랑 떨쳐 버리고 '오직 하나'를 추구해 보는 것이 어떨까요.

'오직 하나'는 최고와는 다르게 추월당할 걱정도, 쫓길 염려도 없습니다. 영원히 일인자의 자리를 지켜야 한다는 쓸데없는 압박감도 없습니다. 오히려 다른 사람에게 없는 찬란한 매력을 발할 수 있습니다. 스마프(SMAP, 일본의 인기 팝 그룹)가 부른 〈세상에서 단 하나뿐인 꽃〉이라는 노래 가사에도 있듯이, 다른 사람과는 다른 씨를 뿌려 다른 꽃을 피우는 데 온 정성을 쏟으면 됩니다. 누가 일인자인지에 관한 다툼은 필요 없습니다.

최고의 자리는 언젠가는 다른 사람이 차지하지만 오직 하나는 절대로 남이 대신할 수 없으므로 영원히 나다움을 지킬 수 있는 것입니다. 어떻습니까? 오직 하나로 있을 수 있다는 것, 정말 대단하다고 생각하지 않습니까?

그 좋은 예가 비틀스입니다. 사람들에게 비틀스의 〈애비 로드(Abbey Road)〉라는 앨범을 아시나요 하고 물으면, 많은 사람이 알고 있다고 대답할 것입니다. 설령 그 앨범의 노래를 들어본 적이 없다 해도 비틀스의 이름 정도는 다 알고 있을 것입니다.

그러면 또 하나 질문을 하지요. 당신은 킹 크림슨(King Crimson)이라는 록그룹을 알고 계십니까? 그 그룹이 낸 〈크림슨 킹의 궁전(In the Court of the Crimson King)〉이라는 데뷔 앨범을 아십니까? 이런 질문을 하면 극히 일부의 록 팬을 제외하곤 대다수가 모른다고 대답할 것입니다.

놀라지 마십시오. 이 두 장의 앨범은 거의 동시기인 1969년에 발매되었지만, 영국의 「멜로디 메이커(*Melody Maker*)」

라는 음악잡지의 히트 차트에서는 〈애비 로드〉를 제치고, 〈크림슨 킹의 궁전〉이 1위를 차지했던 것입니다. 더구나 킹 크림슨은 거의 무명이라 프로모션도 제대로 하지 않았음에도 말입니다.

이 사건을 계기로 다른 잡지에서도 킹 크림슨이 비틀스를 제치는 현상이 일어납니다. 여기서부터가 문제입니다. 절대적인 인기를 자랑하고 있던 비틀스를 능가했던 킹 크림슨을 당신은 왜 모르는 것일까요? "그야 비틀스가 유명하기도 하고 나는 록에 별로 관심이 없으니까요"라는 이유를 제일 먼저 들지 모르겠습니다. 결론적으로 말한다면 비틀스는 오직 하나의 존재로 있어 왔기 때문입니다. 어떤 그룹이 레코드 판매량에서 비틀스를 제쳤다고 해도 그런 건 아무런 관계가 없습니다. 세상에 둘도 없는 존재이기에 몇십 년이 지나도 빛나고 있는 것입니다.

당신도 '남보다 뛰어나고 싶다', '최고가 되고 싶다'는 생각을 버리고 당신만이 가질 수 있는 매력을 더욱 갈고 다듬어야 합니다. 다른 사람과는 도저히 비교할 수 없는 유일무이

한 당신만의 무엇을 가지라는 것입니다. 스마프가 부른 〈세상에서 단 하나 뿐인 꽃〉을 당신도 피워야 합니다.

자, 당신이라면 어떤 꽃을 피우시겠습니까.

결점이란 피부에 난 작은 점과 같다

'당신은 자신을 좋아하고 있습니까? 자신을 사랑하고 있습니까?'

이런 질문을 받고 즉시 대답을 못하고 생각에 잠기는 사람은 자신에 대해 좀더 생각해 볼 필요가 있습니다. 그렇지 않습니까? 자기 자신을 좋아하지 못하는 사람이 어떻게 다른 사람을 좋아할 수 있을까요? 그리고 다른 사람을 좋아하지 않는 사람에게 어느 누가 좋은 기회를 주겠습니까?

그렇다면 왜 자신을 좋아하지 못하는 것일까요. 그건 자신의 결점만을 생각하기 때문입니다.

'나는 컴맹에다 실수만 해.'

'운동신경이 너무 둔해서 도저히 다른 사람을 따라갈 수가 없어.'

'신경질적이고 소심해서 조그마한 일에도 의기소침해져.'

이런 식으로 결점만을 생각하고 있기 때문에 스스로에게 자신을 가질 수 없게 되고, 결국에는 자신을 좋아할 수 없게 되는 것입니다.

그러나 결점이란 피부에 난 점과 같은 것입니다. 사람들이 "그거 점 아냐?"라고 물으면 "응, 맞아" 하고 대답하면 그걸로 끝이지요. 결점이란 얼굴에 난 점처럼 누구든 몇 개는 가지고 있으므로 거기에 일일이 신경 쓰다 보면 끝이 없습니다.

'운동은 못하지만 검도사야.'

'일은 잘 못하지만 영어 실력은 원어민 수준이라구.'

'노래는 잘 못하지만 운전만큼은 레이서급이지.'

이처럼 누구나 어느 한 방면에는 뛰어난 능력이나 특기를 지니고 있기에 그것만 잘 살려 간다면 결점은 아무 문제도 아닌 것입니다.

혹 자신이 이렇다 할 능력이나 특기가 없는 사람이라고 생각한다면, 어린 시절로 거슬러 올라가서 부모님이나 학교 선생님, 혹은 친구들에게 칭찬받았던 일을 떠올려 보십시오. '글쓰기에 소질이 있다고 선생님한테 칭찬받았다', '반에서 철봉 실력만큼은 누구보다 뛰어났다'와 같은 사소한 일이 의외로 자신감을 불러일으키곤 합니다.

성격도 마찬가지입니다. '칠칠맞지 못하고 덜렁대지만 행동력이 있기 때문에 후배들이 따른다', '신경질적이고 소심하지만 꼼꼼하고 책임감이 있다'와 같은 자신의 장점을 계발하면 성격상의 결점은 별 문제가 되지 않습니다.

나는 영어에는 거의 문외한이라 간단한 회화도 잘 못합니다. 그럼에도 불구하고 외국인 친구가 많습니다. 영어가 유창한 사람보다 말입니다. 그것도 NBA의 스타선수부터 유명한 화가, 인기 디자이너에 이르기까지 거의 모든 직종에 걸쳐 친구가 있습니다.

그 이유는 간단합니다. 영어를 못해도 손짓발짓 섞어 적극적으로 대화를 시도하면서 당신과 친구가 되고 싶다는 강한 일념으로 사람들을 접하기 때문이지요. 나의 경우는 영어는 잘 못하지만 배짱과 대화 능력만큼은 남들보다 뛰어납니다. 불가능해 보이거나 못하는 일이 있을지라도 잘하는 일, 좋아하는 일을 적극적으로 살려 나가는 것이 무엇보다 중요합니다. 자신의 결점을 극복하는 덕목이 바로 이런 적극성임을 알아 두어야 하겠습니다.

자신이 잘하는 일에 눈을 돌리면 스스로를 점점 좋아하게 됩니다. 그렇게 되면 자신의 삶을 긍정하게 되어 일이 잘 안 풀려 실패를 맛보아도 실패 그 자체를 순수하게 받아들일 수 있습니다. 그럴 때마다 당신은 성장에 꼭 필요한 여러 가지 경험을 쌓게 되는 것입니다.

매력적인 사람은 자신의 결점까지 드러낸다

나는 세 살 때 소아마비를 앓아 그 후유증으로 왼손이 조금 부자유스럽습니다.

그러나 절대로 그것을 감추거나 하지는 않습니다. 사물에 눈을 떴을 때부터 그랬기 때문에 나 스스로 그걸 결점이나 약점이라고 생각하지 않는지도 모르겠습니다. 그러나 경우에 따라서는 상대방에게 미리 양해를 구하기도 합니다. 사람에 따라서는 나의 왼손이 마음에 걸리는지 물끄러미 바라보기도 하기 때문입니다. 그러나 내가 먼저 거기에 대해 말을 꺼내면 "아, 그러셨군요" 하고 그 후로는 전혀 신경을 쓰지 않기 때문에 대화가 자연스럽게 흘러가게 됩니다.

이런 약점이나 핸디캡을 남한테 드러내기를 꺼리는 사람이 의외로 많습니다. 그런 사람들의 마음속에는 자신의 약점을 드러내지 않음으로써 호감을 사고 싶다는 생각이 있기 때문인데, 그런 태도는 오히려 역효과만 초래할 뿐입니다. 약점이나 핸디캡을 감추려고 하면 할수록 그 태도는 어딘지 모르게 부자연스러워지고 대화도 어색해지고 맙니다. 약점을 보이지 않으려고 온갖 신경을 쓰느라 받는 스트레스도 엄청날 것입니다. 그렇게 되면 본래의 나다움을 점점 잃어버리고 맙니다.

그것은 상대방도 마찬가지입니다. 당신에게 뭔지 모를 부자연스러움을 느껴 마음 놓고 대화를 할 수가 없습니다. 그러므로 당신의 진심을 이해할 수 없게 되어 대화의 흐름이 막히고 마는 것입니다.

그렇다면 이번 기회에 과감하게 자신의 약점이나 핸디캡을 공개하는 게 어떨까요? 당신의 표면을 장식하고 있는 가면과 수치심을 훨훨 벗어 던지고 알몸이 되어 버리는 것입니다.

일단 알몸이 되면 아무것도 무섭지 않습니다. 있는 그대로의 모습으로 자연스럽게 남들과 접촉할 수 있게 됩니다. 불필요한 일로 신경을 쓰지 않아도 됩니다. 그러면 자신에게 가장 바람직한 삶의 방식이 드러나게 될 것입니다.

베스트셀러 『오체불만족』의 저자인 오토다케 히로타다乙武洋匡 씨 같은 경우가 좋은 예입니다. 그도 스스로 모든 것을 벗어 던져 '불만족스러운 육체'를 오히려 자신의 개성이 되게 한 것입니다.

약점을 포함한 당신의 모든 것을 있는 그대로 드러내고

상대를 대한다면 상대방도 당신의 '진심'을 느끼게 됩니다. 그리고 '이 사람을 위해 뭔가 해 줘야겠어', '이 사람을 응원해야겠어'라는 기분도 들 것입니다.

특히 우리는 '정'의 문화 속에서 살아오지 않았습니까? 만일 사람들이 당신에게 정을 느낀다면 그들 모두가 당신 편이 되지 않을까요?

아는 사람에게 들은 이야기입니다만 사람을 만나면 얼굴이 빨개지는 증상으로 고민하던 여성이 있었습니다. 사람들을 만나면 너무 긴장한 나머지 자신의 의사를 제대로 표현하지 못한다는 겁니다. 그 여성이 새로 입사한 OA기기 회사에서 갑자기 영업을 맡게 되었으니 고민이 이만저만이 아니었습니다.

회사를 때려치울까 말까 고민에 고민을 거듭하던 끝에, 그녀는 될 대로 되라는 심정으로 거래처를 방문해서 담당자와 명함을 교환한 후 "저는 체질적으로 얼굴이 빨개지는 증상이 있거든요. 게다가 얼굴도 동그래서 꼭 사과 같죠?" 하고 말을 꺼냈더니 상대방은 배를 잡고 웃었다고 합니다.

그 순간 그녀의 기분은 아주 편안해졌습니다. 가장 마음에 걸리는 일을 솔직하게 말해 버렸기 때문에 긴장이 풀린 것입니다. 상대방은 한술 더 떠서 "선탠이라도 했다가는 사과가 익어 버리겠군요" 하고 말했습니다. 그녀도 그 말을 듣고 폭소를 터뜨렸다고 합니다. 결국 이런 대화를 계기로 그녀는 계약을 따 내는 데 성공했던 것입니다.

그녀는 그때의 체험으로 자신감을 얻어 얼굴이 빨개지는 증상도 없어지고, 회사에서 남자 영업사원들을 능가하는 맹활약을 하고 있다고 합니다.

이 사례를 통해서도 알 수 있지 않습니까? 잘 보이려고 하지 말고 상대방의 환심을 사려고도 하지 마십시오. 모든 장식을 걸어 내고 알몸이 되어 자신의 모든 것을 솔직하게 드러내십시오. 그런 태도가 당신의 매력이 되어 상대방의 마음까지 사로잡게 될 것입니다.

핸디캡이 오히려 인생을 더 나은 방향으로 이끌 수 있다

앞에서 얼굴이 빨개지는 여성의 이야기를 소개했는데, 그런 약점이 오히려 그녀의 인생을 보다 나은 방향으로 이끌어 주었다고 할 수 있습니다. 만일 그녀에게 얼굴이 빨개지는 증상이 없었다면 있는 그대로의 자신을 남들 앞에 적나라하게 드러내지 못했을 테니까요. 그런 약점이 있었기에 그녀는 다른 사람에게 더욱 매력적인 인간으로 다가갈 수 있었고 뛰어난 여성 영업사원이 될 수도 있었던 것입니다.

그런 의미에서 본다면 결점이나 핸디캡은 그 사람의 인생을 보다 나은 방향으로 이끌어 주거나, 인생을 즐겁게 해 줄 하나의 무기일 수도 있다는 생각이 듭니다.

저도 왼손의 핸디캡 덕분에 인생을 즐겁게 보내고 있는 부분도 있습니다. 그 중 하나가 자칭 '통소의 고수'가 되었다는 것입니다. 어릴 때 앓은 소아마비 때문에 저는 초등학교에 진학할 때부터 왼손이 조금 부자유스러웠습니다.

그런 자식이 걱정스러워 어머니는 내가 한 학년 올라갈 때마다 담임선생님을 찾아가서 "아이가 어렸을 때 앓은 소아마비 때문에 왼손이 불편합니다. 오른손처럼 편하게 쓸 수 없으니 그 점 잘 배려해 주십시오" 하고 부탁을 하셨다고 합니다. 내 기억에는 별 불편함 없이 나름대로 잘 지냈던 것 같습니다만……

그런 내가 초등학교 3학년 때 곤란을 겪었던 사건이 있었습니다. 음악 시간에 퉁소를 배우게 되었는데 불편한 왼손 때문에 아무리 해도 잘 되지 않는 것입니다. 그래서 어머니께 말씀드렸더니 "그거 소리만 제대로 내면 되는 거 아니니. 그렇다면 오른손과 왼손의 역할을 반대로 해서 불어 보면 어때? 의외로 잘 될지도 모르잖아"라고 가르쳐 주시는 것이었습니다.

어머니의 조언 덕분에 저는 퉁소를 꽤 잘 불게 되었습니다만 음악선생님에게는 오히려 꾸중을 들었습니다. 내가 다른 아이들과 손을 반대로 해서 퉁소를 불고 있는 것을 보고 '녀석이 남들보다 조금 더 잘 분다고 일부러 손을 거꾸로 사용하고 있네' 라고 생각하신 모양입니다. 어머니가 음악선생님한테 나의 왼손 이야기를 한다는 걸 깜박하신 것입니다. 나중에야 사실을 안 음악선생님은 아주 미안해 하셨습니다.

하기야 그럴 만도 했습니다. 손이 불편해서 왼손과 오른손을 바꾸어 분다고 생각할 수 없을 정도로 내 솜씨가 뛰어났으니 말입니다.

그 후 퉁소 연주에 더욱 자신을 가지게 된 나는 시마네 현에서 열린 음악 콩쿠르 독주부문에서 모차르트와 바흐를 연주하여 우승을 차지했습니다. 그것도 피아노, 바이올린, 플루트 같은 강적들을 물리치고 말입니다. 아무리 핸디캡이 있어도 마음만 먹으면 누구보다 더 잘할 수 있다는 사실을 입증한 좋은 예라 할 수 있습니다.

이야기는 여기서 끝나지 않습니다. 실은 제 퉁소에는 후일담이 있습니다. 작년에 일 때문에 한국에 가서 1만 5000명의 청중 앞에서 강연을 할 기회가 있었는데, 한국 분들이 내 이야기를 너무 열심히 들어 주셔서 어떻게든 감사의 마음을 전하고 싶었습니다. 그러나 나의 한국어 실력은 간단한 인사말을 제외하고는 거의 깡통 수준이라 마음을 전할 길이 없었습니다. 그런데 강연 전날, 호텔 방의 TV에서 울려 나오는 애국가를 듣고 있노라니 이런 영감이 떠오르는 것이 아닙니까.

'그래, 내 마음을 음악으로 표현해 보자. 내 특기 중의 하나인 퉁소로 애국가를 연주하는 거야. 그러면 사람들이 기뻐할지도 몰라.'

그래서 나는 동행한 스태프에게 퉁소를 사 오게 해 바로 연습에 몰두하여 다음 날 연단에서 애국가를 연주했습니다. 청중의 반응은 너무도 열광적이었습니다. 일제히 회장이 떠나가도록 제 퉁소 소리에 맞춰 애국가를 합창해 주었던 것입니다.

어떻습니까? 굉장하지요. 내가 가진 핸디캡이 이 정도의 장점으로 변하리라고는 꿈에도 생각하지 못했습니다.

이것은 퉁소에만 국한된 일이 아닙니다. 나는 왼손이 불편한 만큼 오른손의 활약이 대단합니다. 예를 들면 테니스. 자화자찬 같습니다만 날카로운 리턴이나 강렬한 백 슬라이스에는 자신이 있습니다. 그리고 탁구도 있습니다. 나와 절친한 패션디자이너 코시노 준코(남성 캐릭터 정장으로 유명한 일본 디자이너) 씨는 "집에 탁구대까지 두고 맹연습을 하는데도 카오루 씨한테는 못 당하겠어"라면서 손사래를 치곤 합니다.

준코 씨에게 그런 말을 듣고 나는 '나의 불편한 왼손에 감사하지 않으면 안 되겠구나'라는 생각까지 했습니다.

"카오루 씨는 달필에다 테니스, 탁구, 볼링 전부 잘하잖아. 오른손만으로 저렇게 뭐든 잘하니, 왼손이 조금 불편하지만 사실은 하나도 불편하지 않은 것과 같아. 나 같은 사람은 두 손으로도 당할 수가 없으니까 말이야."

그럴지도 모르겠습니다. 만일 왼손이 정상인과 똑같았다면 난 퉁소도 운동도 이렇게 잘하지는 못했을 것입니다. 넓은 의미에서 보면 지금보다는 의지나 정신력이 훨씬 약했을 것입니다.

바꾸어 말하면 핸디캡이 있으니까 다른 사람들보다 더 열심히 노력해야 한다는 생각이 무의식중에 깊어져 호기심과 탐구심, 그리고 항상 의지가 넘치는 개성을 키워 준 것이 아닌가라는 생각이 듭니다.

당신도 마찬가지입니다. 인간이라면 누구나 결점이나 마이너스 부분을 가지고 있습니다. 문제는 그것을 어떻게 좋은 방향으로 전환시킬 것인가, 어떤 방식으로 자신만의 비장의 무기로 만들 것인가입니다. 이렇게 긍정적인 방향으로 의식을 전환해 목표를 정하고 그것을 이루려고 노력한다면 당신의 인생은 확연히 달라질 것입니다.

하고 싶지 않은 일은 억지로 하지 말라

당신은 매일 하고 싶은 일을 마음껏 하고 있습니까? 아니면 하고 싶지 않은 일을 억지로 하고 있습니까? 이런 질문을 하면 아마 대다수의 사람들은 후자라고 대답할 것입니다.

만일 그렇다면 앞으로는 하고 싶지 않은 일은 억지로 하지 마십시오. '다른 사람 눈치가 보여서', '남들이 다 그렇게 하니까' 라는 식으로 주변의 눈치를 살피면서 자신의 뜻과는 맞지 않는 일을 계속한다면 이 또한 나다움을 잃어버리게 만드는 결과를 낳습니다.

그렇다고 오해하면 안 됩니다. 무턱대고 '하기 싫은 일은 절대로 해선 안 된다', '내팽개쳐도 괜찮다' 라는 건 아닙니다. '사실은 이 일을 하고 싶어', 'A보다 B쪽이 더 좋아' 라는 욕구가 있다면 그쪽을 우선하라는 겁니다.

예를 들면 이런 사람이 있습니다. 건설회사에서 영업을 담당하는 A씨는 어느 날 운동도 하고 스트레스 해소도 할 겸 학창시절 즐겨 했던 테니스를 다시 해 보겠다는 결심을 했습니다. 그런데 직장상사의 말 한마디가 그를 잘못된 길로 인도해 버렸습니다.

"어이, 어차피 할 거라면 골프가 어때? 접대 골프도 일이니까. 내가 가르쳐 주지."

이 말을 듣고 A씨는 값비싼 골프세트를 구입해서 주말이면 윗사람과 함께 골프 연습장에 다니게 되었습니다. 그러나 몇 개월이 지나도 실력은 제자리걸음이었습니다.

이유는 지극히 간단합니다. 하고 싶지 않은 일을 억지로 했기 때문입니다. A씨는 사실 테니스를 하고 싶었습니다. 테니스라면 자신도 있었고 상쾌하고 즐거운 기분을 맛볼 수 있을 것 같았습니다. 스트레스 해소에도 테니스가 좋다고 생각했습니다. 골프에는 관심도 없었는데 윗사람의 권유(반은 명령)로 할 수 없이 하게 되었습니다. 따라서 하나도 즐겁지 않았습니다. 의욕도 나지 않았습니다. 실력이 늘지 않은 것은 당연한 일입니다.

이 일화는 결코 다른 사람만의 이야기가 아닙니다. 흥미나 관심이 없는 일, 싫어하는 일을 억지로 하면 오히려 스트레스만 쌓일 뿐 좋을 게 하나도 없습니다. 자신의 마음이 가는 대로 '하고 싶은 일', '의욕이 생기는 일', '흥미 있는 일'에 몰두해야 합니다. 그렇게 하면 지금까지 감춰져 있던 능력(재능)도 일깨울 수 있고, 개성을 키울 기회도 찾아올 것입니다.

단, 골프를 어쩔 수 없이 해야 할 경우에는 독하게 마음먹고 그것을 좋아하게끔 노력해야 합니다. 이것도 기회를 잡을 수 있는 하나의 방법입니다. 발상을 전환하여 스스로 흥미를 가지고 도전함으로써 길이 열리게 되는 것입니다. 골프를 싫어하는 A씨의 경우도 적극적으로 골프에 도전해서 직장상사나 거래처 사람들과 골프를 화제 삼아 이야기꽃을 피울 수 있다면 새로운 비즈니스 기회를 잡는 계기가 될 수 있을 것입니다.

내 경우가 바로 그 대표적인 케이스입니다. 나는 '어떤 곳에 여행을 가고 싶다', 'ㅇㅇ를 먹고 싶다', '누구누구의 콘서트에 가고 싶다'는 생각이 들면 즉시 행동에 옮깁니다. 뭔가에 흥미를 느끼면 망설임 없이 도전하고, 반드시 해야만 하는 일일 때는 스스로 그것을 좋아하게끔 생각을 바꿉니다. 생각보다는 행동을 우선시하는 것이지요.

특히 흥미를 가진 일에는 그게 어떠한 일이든 도전해 본다는 자세가 중요합니다. 신선한 충격이나 미지의 감동을 맛볼 수도 있고, 감성을 자극해 상상력과 호기심이 더욱 왕성해질 수도 있습니다. 바로 그럴 때 새로운 인생이 전개될 가능성이 생기는 것입니다.

  이럴 때는 두 가지 사항을 명심해야 합니다. 하나는 '나에게는 불가능한 일이야'라는 생각을 버려야 한다는 것입니다. 인간의 뇌 구조란 하고 싶지 않은 일에는 생각 자체가 미치지 않게 되어 있습니다. 그와 반대로 하고 싶은 일은 얼마든지 가능하게 되어 있습니다. 그러므로 이것도 해 보고 싶고 저것도 해 보고 싶을 때는 실패를 두려워하지 말고 그냥 도전해 보아야 합니다.

  또 하나는 다른 사람의 눈을 의식하지 말아야 한다는 것입니다. '이런 일을 하면 사람들이 비웃지 않을까'라는 생각을 하면 행동력이 반감되고 맙니다. 남이 당신의 인생을 책임져 주지는 않습니다.

  따라서 남에게 피해를 주지 않는 범위 내에서 다른 사람들이 뭐라고 하든 자신이 신념을 가진 길이라면 돌진해 가십시오. 거기에 당신다움이 있으니까요.

몰입할 수 있는 일, 가슴 뛰는 일을 하라

당신이 시간의 흐름도 잊어버릴 정도로 몰두할 수 있는 일은 무엇입니까? 가슴 두근거리는 일은 무엇입니까? 즐거워 어쩔 줄 모르는 일은 무엇입니까?

'영업은 못하지만 판매 계획을 짜고 있을 때면 가슴이 두근거려.'

'나이 드신 분들의 수발을 드는 봉사활동을 하면 시간이 어떻게 지나가는지도 몰라.'

'기타만 들었다 하면 몇 시간이고 연주하고 말아.'

이렇게 당신이 집중할 수 있는 일을 하나라도 가지고 있다면 정말 좋습니다. 나다움과 만날 수 있는 좋은 기회라고나 할까요. 이러한 감정이 생긴다는 것은 곧 개성이나 재능을 살릴 수 있다는 증거입니다. 그런 감정이 일어나는 일 가운데 당신을 성공과 발전으로 이끌 분야가 있다는 것을 꼭 기억해야 하겠습니다.

내 경우는 지금 하고 있는 일이 그렇습니다. 이 일을 시작한 지도 벌써 20년이 지났지만 지금도 감동과 흥분의 연속으로 하루하루를 두근두근 울렁울렁거리는 심정으로 보내고 있습니다.

그것은 자유롭게 내 방식대로 일할 수 있고, 사람과 만나는 것이 너무 즐겁고, 다른 사람을 기쁘게 하거나 감동시키는 일에 보람을 느끼는 나다운 성격, 즉 나의 개성과 잘 맞물렸기 때문일 것입니다. 따라서 몇 시간을 일해도 피곤하지 않습니다. 다른 사람이 보기에는 힘들어 보이는 일도 내게는 하나도 힘들지 않습니다. 실패해도 낙담한 적이 없고 오히려 그 실패로부터 성공의 열쇠를 발견한 일도 많습니다. 늘 일에 보람과 만족감을 느끼고 하루하루가 상쾌한, 그런 긍정적인 감정이 마음속에서 샘솟아 오릅니다.

앞에서 몰두라는 말이 나왔지만, 지난번에 아는 사람들과 이야기를 나누던 중에 스모가 화제에 오른 적이 있습니다. 이때 한 사람이 '호쿠도우미北勝海'라는 스모 선수의 이름을 언급했는데, 나는 "호쿠도우미? 그 사람이 누군데?" 하고 반문했습니다. 그 사람이 말하기를 호쿠도우미는 치요노후지와 동문으로 요코즈나橫綱(스모에서 최고의 자리)까지 된 선수라는 게 아닙니까. 나는 치요노후지와 와카다카 형제 스모 선수는 알고 있었지만, 호쿠도우미라는 요코즈나에 대해서는 아는 게 하나도 없었습니다. 호쿠도우미가 활약한 시기는 1980년대 후반부터 1990년대 초반이라고 하니까 그 시기라면 제가 잠 잘 시간도 없이 일에 몰두했었던 때입니다.

그전에 잠깐 작곡가 생활을 했던 적이 있는데, 차라리 작곡가라는 직업에 몰두했더라면 그 직업의 성격상 이 정도로 세상물정에 어두워지지는 않았을 것입니다.

지금에 와서야 하는 말이지만 이런 사건도 있었습니다. 세계가요제가 열렸을 때 대회장인 무도관을 찾는 사람들에게 나누어 줄 팸플릿을 제작하는데, 거기에 작곡가들의 프로필이 실려 있습니다. 다른 작곡가들의 프로필을 보니 거의가 500~600곡 이상을 작곡하신 분들이었습니다. 오직 나만이 딱 두 곡으로 우연히 작곡한 작품을 응모했기 때문에 당연하다면 당연한 일이었지요. 그러나 '아무리 그래도 두 곡은 좀 심하다'고 생각한 나는 떨리는 마음으로 2곡이 아닌 5곡으로 거짓 기재를 해 버렸습니다. 2곡이나 5곡이나 도토리 키 재기니까 이왕 거짓말을 할 바에야 200곡 정도로 할 걸 그랬나 하는 생각이 들기도 하지만 당시의 나로서는 5곡도 대단한 용기(?)가 필요한 결단(허세)이었던 것입니다.

어쨌든 무언가에 몰두할 수 있는 대상이 있고 거기에 빠져 들 수 있다는 것은 대단한 행복이라 할 수 있습니다. 그것이 일이라면 더욱 그렇습니다. 사람의 일생을 생각해 볼 때 잠자는 시간을 빼면 일하는 시간이 가장 길 것입니다.

이제 당신도 '어떻게 하면 일에 몰두할 수 있을까?', '어떤 식으로 하면 일이 더 재미있을까?', 그런 것을 진지하게 생각해 보아야 하겠습니다.

"즐겁게 일을 한다면 인생은 낙원이다. 의무로 일을 한다면 그 인생은 지옥이다."

이것은 러시아의 문호 막심 고리키가 한 말입니다. 일에서 즐거움을 느끼면 최고의 인생을 보낼 수 있다는 뜻이겠지요.

고정관념은 과감히 버려라

혹시 당신은 사물에 대해 이런 생각을 가지고 있지는 않습니까?

'커피(차)는 여직원들이 타는 것.'

'휴대 전화는 현대인의 필수품.'

'데이트를 할 때는 당연히 남자가 돈을 낸다.'

만일 조금이라도 이런 생각을 가지고 있다면 지금 이 자리에서 확 뜯어고쳐야 할 것입니다. '이렇게 해야만 한다', '반드시 이렇게 되어야 한다' 라는 생각은 자기 혼자만의 고정관념일 따름입니다. 고정관념이야말로 나다움을 잃게 하는 큰 장애물입니다.

그런 사람은 사물을 정해진 각도로만 보고 하나의 척도로만 판단합니다. 그게 도를 넘어서면 자신의 사고가 미치는 범위, 자신이 알고 있는 범위 내에서만 사물을 생각하게 됩니다. 결과적으로 시야가 좁은 사람이 되어 버리기 때문에 본래 자기가 가지고 있던 가능성을 발휘하지 못합니다. 그런 점에서 나는 어떤 사물이나 현상에 대해 '반드시 이래야만 한다'는 생각을 해 본 적이 없습니다.

요컨대 스트라이크존이 넓은 것이지요. 음악이라는 장르를 예로 든다면 클래식은 물론 재즈, 팝, 하드록 등의 서양 음악에서 트로트나 민요에 이르기까지 모든 장르의 음악을 즐깁니다.

아마도 '좋은 건 그냥 좋은 거야'라는 어린 시절부터 길든 편견 없는 사고방식 덕분인지도 모르겠습니다.

나에게는 누나가 둘 있습니다. 어릴 때 어머니는 저희 남매에게 장난감을 자주 사 주곤 하셨는데 그때마다 남자와 여자 구별 없이 늘 똑같은 장난감을 주었습니다. 인형도 사내애 여자애 구별 없이 똑같은 인형을 3개 사 오셨던 것입니다. 따라서 누구 인형이 더 좋다고 샘을 내는 일도 없었고 이것은 남자 취향, 저것은 여자 취향이라는 구별도 하지 않았습니다.

또 이런 일도 있었습니다. 잘 아는 선장님이 저희 삼남매에게 선물로 욕실에서 신는 신발을 사 오셨는데 누나들 것은 붉은색, 제 것은 회색이었습니다. 솔직히 나는 회색이 마음에 들지 않았습니다. 남자용이건 여자용이건 그냥 빨간색이 마음에 들었고 우중충한 회색이 싫었던 것입니다. 지금이라면 글쎄요, 내가 입는 목욕가운과 어울리는 회색을 고를지도 모르겠습니다.

아무튼 지금 생각하면 그때부터 나는 남자니까 이러저러 해야 한다는 선입견이나 고정관념 없이 좋은 것은 좋고, 예쁜 것은 예쁘고, 좋아하는 걸 좋아한다라는 자신의 욕구에 자연스럽게 따르는 버릇을 가지게 된 같습니다.

나는 주위 사람들에게 "카오루 씨는 결단력이 대단해", "결단이 빨라"라는 말을 자주 듣습니다. 아마도 그건 어린 시절부터 고정관념에 얽매이지 않고 자신의 욕구에 자연스럽게 따르는 습관이 지금의 성격에 영향을 미쳤기 때문이 아닌가 하는 생각이 듭니다.

그렇다면 그런 고정관념을 어떻게 하면 버릴 수 있을까요? 가장 빠르고 손쉬운 방법은 간단한 일이라도 좋으니까 스스로의 행동 패턴에 변화를 주는 것입니다. 출퇴근 코스를 바꾸어 본다든가, 평소에는 거의 가지 않던 식당에서 식사를 한다든가, 연락이 없던 친구에게 전화를 해 본다든가, 평소 듣지 않던 음악을 들어 본다든가.

 자신의 습관이나 기호에서 조금 떨어져 사물을 본다면 여태까지와는 다른 나, 자신도 몰랐던 또 다른 나를 발견할 수 있습니다. 그것이 '반드시 이래야만 한다' 라는 사고방식을 타파하는 계기를 마련해 줄 것입니다.

 또 한 가지, 자신에게 중요한 일에는 혼신의 힘을 기울이고 사소한 일이나 자질구레한 일에는 구애받지 말아야 한다는 것입니다.

 그러나 이것이 생각처럼 쉬운 일은 아닙니다. 신경 써야 할 부분은 신경을 잘 안 쓰고 신경을 안 써도 되는 부분에는 늘 신경을 쓰는 것이 우리 인간입니다. 그렇기 때문에 많은 일들이 잘 안 풀리는 것입니다.

 이것을 나의 경우를 두고 생각해 봅시다. 어떻습니까? 아마 보통 사람이라면 작곡가라는 일에 얽매여 새로운 일에는 눈길도 안 줬겠지요. 그러나 나는 달랐습니다. 나의 관심은

작곡이 아니라 '나다움(개성)을 살릴 수 있는 일을 하는 것'
이었습니다. 작곡가로서도 꽤 일을 잘했으니까 그대로 계속
했더라도 충분히 성공했을 것입니다. 그러나 나다움을 살릴
수 있는 일이라는 관점에서 생각해 보았을 때 지금의 일이
나의 적성에 더 맞고 성공할 가능성이 훨씬 높다는 생각이
들었습니다. 그래서 작곡가를 그만둘 때는 아무런 망설임이
나 미련도 없었습니다.

당신도 '내가 진정으로 바라는 것은 무엇일까?', '나에게
바람직한 생활방식이란 무엇일까?'에 대해 좀더 넓은 관점
에서 생각해 보시기 바랍니다.

이때 가장 중요한 것은 허영심이나 이해득실, 자존심과
같은 나를 속박하는 겉치레들을 과감히 버려야 한다는 것입
니다. 그렇게 할 때 신경 써야 할 부분, 쓰지 않아도 될 부분
이 더 명확해질 것입니다.

가능성을 찾고 그것에 집중하라

옛날에 어떤 학자가 벼룩을 이용해 재미있는 실험을 했습니다. 벼룩은 몸집은 작지만, 보통 약 150센티미터 높이까지 점프를 할 수 있습니다.

실험 내용은 이 벼룩을 높이 90센티미터의 투명한 유리 상자 안에 넣으면 벼룩이 어떤 반응을 보일까 하는 것이었습니다. 처음에는, 벼룩이 평소에 하던 습관대로 점프를 합니다. 그러나 유리 상자 높이가 90센티미터밖에 되지 않기 때문에 벼룩은 천장에 부딪쳐서 떨어지기를 몇 번이고 되풀이합니다.

놀라운 일은, 나중에는 벼룩이 유리상자 천장에 부딪치지 않을 정도의 높이로 적당히 점프를 하게 되너라는 것입니다. 더욱 놀라운 일은 그 후에 벼룩을 유리 상자 밖에 내놓았더니 90센티미터 이상은 점프를 하지 않게 되었다는 것입니다.

왜 이런 이야기를 하느냐 하면, 우리 인간도 벼룩과 마찬가지가 아닐까 하는 생각이 들었기 때문입니다. 인간에게는 본래 무한대의 가능성이 열려 있습니다. 그럼에도 불구하고 많은 사람들은 주위의 부정적인 의견이나 실패담에 현혹되어 '현실은 생각보다 냉정한 거야', '나는 뭘 해도 안 돼', '아무리 노력해도 어차피 안 될걸' 하고 제멋대로 생각해 버립니다. 더 심한 사람은 무언가에 도전해 보기도 전에 '어차피 안 될 건데 뭘', '해도 실패할 게 뻔해' 하고 그냥 포기해 버립니다. 스스로의 가능성을 자기 손으로 파묻어 버리는 것이지요.

그러나 벼룩이 본래 150센티미터 높이까지 뛸 수 있듯이, 당신도 자신의 꿈을 이루고 인생을 비약시킬 가능성을 충분히 가지고 있습니다. 그렇습니다. '가지고 있다'는 것이 중요합니다. 새로운 뭔가를 만들어 낼 필요도 없습니다. 자신의 내면에 잠들어 있는 그것을 자신의 손으로 찾아내어 일깨우면 되는 것입니다.

그러기 위해서는 '내가 이 정도의 인간일 리가 없어'라는 생각을 가져야만 합니다. 단, 오해하지는 마십시오. 이것이 지금의 자신을 부정하라는 의미는 아닙니다. 오히려 지금의 자신을 긍정적으로 받아들인 후에 지금보다 더 높은 곳에 있는 자신을 찾으라는 의미입니다. 즉 '나는 더 할 수 있어', '나에게는 다른 뭔가가 있어', 이런 식으로 자신의 다양한 가능성을 적극적으로 발견해 나가는 노력을 해야 한다는 것입니다.

그러려면 여러 사물과 접해 보고 여러 부류의 사람들과 만나기도 하고 이곳저곳 여행도 다녀 보는 등 가능한 한 많은 체험을 해야 합니다.

또 취미든 공부든 무언가 새로운 일을 시작해 보는 것도 좋습니다. 관광객이 거의 찾지 않는 곳으로 여행을 가 본다든지 스카이다이빙이나 스쿠버다이빙 같은 모험심 가득한 운동을 해 보는 등 비일상적인 체험을 해 보는 것도 하나의 방법입니다.

미술관이나 박물관에서 예술작품을 감상하기도 하고 콘서트나 경기장을 찾기도 하고 전통연극이나 현대극을 통해 감동과 일체감을 즐기는 것도 좋은 자극이 될 것입니다.

그렇게 하면 감성이 자극되어 탐구심이나 호기심이 왕성해집니다. 지금까지 보이지 않았던 부분이 보이게 되고 잊어버렸던 일을 생각해 낼 수 있게 되고, 자신이 추구하는 일이 무엇인지도 분명하게 드러날 것입니다. 또, 지금까지 발견하지 못했던 재능에 눈뜰 수도 있습니다. 그것이 당신에게 인생의 새로운 가능성을 가져다 줄 것입니다.

보이지 않는 나를 찾아라

'조해리의 창'이란 말을 들어본 적이 있으십니까? 저도 얼마 전에야 알게 된 말인데 조셉 루프트와 해리 잉램이라는 두 사람의 이름을 합성해서 만든 심리학 전문용어로, 인간의 마음을 네 가지 패턴으로 분류한 것이라고 합니다.

네 가지 패턴은 다음과 같습니다.

- 개방된 영역
- 비밀의 영역
- 맹점의 영역
- 미지의 영역

간단하게 설명하자면 '개방된 영역' 이란 자신도 알고 남도 알고 있는 영역을 가리킵니다. '나는 다른 사람들에게 행동력이 있다는 평가를 받고 있고, 나 자신도 그렇게 생각한다' 라는 인식이 여기에 해당됩니다.

'비밀의 영역' 이란 나는 알고 있지만 남은 모르는 영역을 말합니다. '남들은 나를 대범한 줄 알지만 사실 나는 소심한 편이야' 라는 인식이 여기에 해당됩니다.

'맹점의 영역' 이란 나는 모르고 있지만 남들은 알고 있는 영역을 가리킵니다. '나 자신은 느긋한 성격인 줄 알고 있었는데, 어떤 사람에게 성격이 급하다는 말을 들었다. 의외였다' 라는 것이 바로 맹점의 영역에 속합니다.

마지막으로 '미지의 영역' 이란 나도 남도 모르는 영역을 가리킵니다. 무의식의 영역이라고 생각하면 될 것 같습니다.

이 네 가지 영역 중에서 가장 먼저 주목하고 싶은 것은 '맹점의 영역'입니다. 우리는 스스로를 잘 알고 있는 것 같아도 의외로 깨닫지 못하거나 간과하고 있는 부분이 아주 많습니다. 그러므로 늘 '맹점의 영역'에 눈을 돌려 사람들의 말에 솔직히 귀를 기울여야 할 것입니다.

"너에게는 인문계보다 이공계가 더 적성에 맞는 것 같아."

"넌 사람들과 어울리는 게 싫다고 하지만 사실은 사람들을 만나는 걸 좋아하는 것 같아."

"너 자신은 깨닫지 못하고 있을지 몰라도 의외로 성격이 급한 편이야."

'맹점의 영역'이 중요한 이유는 다른 사람의 의견이나 충고를 솔직하게 받아들임으로써 지금까지 깨닫지 못하고 있었던 진정한 나, 개성이나 잠재적 능력에 눈뜰 수 있기 때문입니다. 실제로 누군가가 아무 생각 없이 던진 말 한마디가 그 사람의 인생(운명)을 크게 바꾸어 놓았다는 이야기를 자주 듣습니다.

가수인 페기 하야마 씨가 그 전형적인 예라고 할 수 있습니다. 페기 하야마 씨는 원래 재즈 가수로 활약하고 있었습니다. 어느 날 TV 촬영차 고치 현에 가게 되었는데 스태프들에게 "〈남쪽 나라 도시를 떠나면서〉를 한번 불러 주세요"라는 부탁을 받게 되었습니다. 처음에 그녀는 재즈 가수이니까 그런 노래를 부를 수 없다고 거절했지만 딱 한 번만 불러 달라는 스태프들의 간곡한 부탁에 어쩔 수 없이 그 노래를 불렀습니다. 그랬더니 대단한 반응이 나온 것입니다. 결국 그 일을 계기로 레코드까지 취입하게 됐는데 대박이 터지고 말았습니다. 고치 현의 이미지를 전국적으로 고양시켰다는 공적을 높이 평가받아 고치 명예 현민으로 표창까지 받게 되었습니다. 그런 의미에서 본다면 스태프들의 말 한마디가 그녀의 인생을 크게 바꾸어 놓았다고도 볼 수 있습니다. 그 스태프들은 페기 하야마 씨의 목소리가 그 노래에 딱 어울린다고 믿어 그 노래를 권했는지도 모릅니다.

당신도 다른 사람의 의견이나 충고에 대해 무작정 반발하는 자세를 버려야 할 것입니다. 오히려 그럴 때일수록 '내가 지금까지 깨닫지 못했던 나를 알 수 있는 좋은 기회일지도 몰라' 라고 생각하고, 감사하는 마음으로 상대방의 의견에 귀를 기울여야 합니다.

나도 그런 점에서 진정한 나를 깨닫게 해 준 사람이 많습니다. 그 중 하나가 미국인 디자이너인 제프 해밀턴(Jeff Hamilton) 씨입니다. 이 사람은 NBA(미국 프로농구)나 CART(미국 자동차경주 협회)와 같은 미국을 대표하는 스포츠계의 대스타들과 수많은 저명인사들을 고객으로 가지고 있는 대단한 디자이너입니다. 이 사람과는 NBA 시합을 관전하러 갔다가 인연을 맺게 되었는데, 한마디로 표현하면 서로의 취향이나 사고방식이 똑같습니다. 좋다고 느끼는 부분이 나와 너무도 같아서 깜짝 놀랐습니다. 나는 그때까지 나와 비슷한 사고와 감각을 가진 외국인이 있으리라고는 꿈에도 생각지 못했습니다. 그러나 그는 그렇지 않았습니다. 말이 통하지 않아도 불편하지 않았고, 함께 있다는 사실 자체가 즐거웠습니다. 영혼이 통한다고나 할까요. 그도 나를 '영혼의 친구(soul brother)' 라 부를 정도였으니까요.

그리고 취향이 같기 때문에 서로 좋아하는 것을 권하기도 하는데, 그럴 때마다 탄성을 지르게 됩니다. 나는 그를 만난 덕택에 지금까지 모르고 지냈던 것, 생각지도 않았던 것에 도전하게 되었고 그것을 통해 또 다른 나를 볼 수 있었습니다. 그래서 그에게 진심으로 감사하고 있습니다.

스스로는 깨닫지 못하고 있을지도 모르지만 당신 속에는 다이아몬드의 원석처럼 다듬어지지 않은 능력이나 개성이 숨어 있습니다. 그렇다면 누가 그것을 찾아낼까요? 그건 바로 다른 사람들입니다. 그렇습니다. 세상에는 자신 이상으로 당신을 잘 알고 있는 사람이 많이 있습니다. 그러나 나는 욕심이 많아서인지 '맹점의 영역'을 개척하는 것만으로 끝내고 싶지 않습니다.

가능하다면 '미지의 영역'에도 발을 들이밀어 나와 님들이 모르는 부분까지 열어젖히고 싶습니다. 그러면 나다움을 더욱 잘 알게 되고 개성이나 재능을 한층 더 발휘할 수 있게 될 것입니다. 그것이 일이나 인간관계의 폭을 넓혀 주고 취미의 폭도 넓혀 줍니다.

그렇게 되면 인생도 한층 더 즐거워질 것입니다. 그러기 위해서 남들이 모르는 자신의 모습을 보다 더 드러내야 합니다. 또한 남들이 지적하는, 자신이 미처 깨닫지 못하고 있는 점에 대해 솔직하게 귀 기울여 앞으로의 삶에 도움이 될 수 있게 해야 합니다. 이러한 사고방식과 태도를 가질 때 당신은 이상적인 삶을 살 수 있게 될 것입니다.

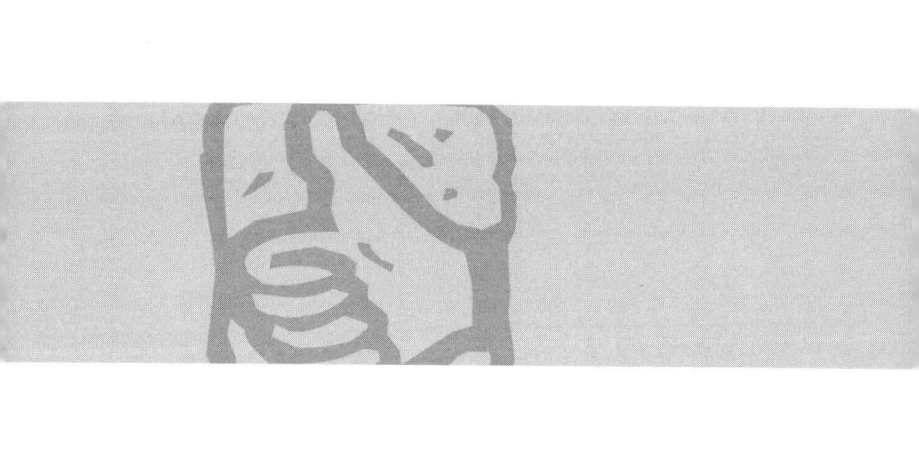

2장

'기회'와의 만남

나쁜 일이라고 해서 반드시
자신의 인생을 망치는 것은 아닙니다.
그게 오히려 행운의 기회를 가져다 주는
계기가 될 수도 있으니 말입니다.
그러므로 자신에게 닥친 불행이나 사고를
무조건 무서워할 필요는 없습니다.
그런 때일수록 여기에는 뭔가 의미가 있다고
생각하고 용기 있게 그것을 받아들여야 합니다.
오히려 지금의 불행이 기회의 전조일
수도 있다는 희망을 가져야 합니다.

 '기회' 와의 만남

기회는 필연의 산물이다!

기회는 매일 찾아온다

프롤로그에서도 말씀드렸듯이 기회는 하루마다 뜯어내는 달력처럼 항상 찾아온다는 것이 나의 지론입니다. 그러나 그냥 누워서 기다리고 있어서는 절대로 기회를 잡을 수 없습니다.

기회는 분명 저쪽에서 찾아오는 것임에는 틀림없습니다. 그렇지만 그것을 잡는 것은 당신입니다. 기회를 잡으려는 의지가 당신에게 없으면 기회는 당신 곁을 지나쳐 버릴 것입니다.

택시를 예로 들어 볼까요. 택시를 잡을 때 당신은 어떻게 합니까? 길가에 몸을 조금 내밀고 손을 들 것입니다. 차가 한동안 오지 않더라도 계속 손을 들고 있으면 언젠가는 빈 차가 와서 당신 앞에 섭니다. 그러나 당신이 손을 들지 않고 있으면 택시는 멈춰 서지 않겠지요.

원리는 이와 똑같습니다. 기회도 이와 같이 꼭 잡고야 말겠다는 적극적인 자세가 갖추어졌을 때 당신을 찾아오는 법입니다.

그러나 택시의 경우는 저쪽에서 올 때 '나는 택시입니다'라는 신호를 보내지만 기회는 결코 신호를 보내지 않습니다. 기회는 택시와는 달리 이렇다 할 형태가 없습니다. 아니, 형태가 있다 하더라도 사람에 따라 모습이 달라집니다. 더욱이 언제 찾아오는지도 알 수 없습니다. 목을 빼고 기다려도 찾아오지 않는 경우도 있고 한눈파는 동안 어느새 지나쳐 버리는 경우도 있습니다. 언제, 어떤 형태로 찾아올지 도무지 예측할 수 없으므로 늘 주의 깊게 살펴보아야 합니다. 그렇다면 구체적으로 어떻게 해야 기회를 확실하게 잡을 수 있을까요. 그러기 위해서는 다음의 여섯 가지 사항을 명심해야 합니다.

- 주변의 일을 있는 그대로 받아들여라
- 호기심이 기회를 잡는다
- 질문에 성공의 해답이 있다
- 기다리지 말고, 먼저 행동하라
- 번뜩이는 직감을 소중히 여겨라
- 항상 남들이 기뻐하는 일을 하라

지금부터 기회를 잡는 여섯 가지 사항을 하나하나 살펴보기로 하겠습니다.

주변의 일을 있는 그대로 받아들여라

기회를 잡기 위한 가장 중요한 포인트입니다. 주

변에서 일어나는 일, 주위 사람으로부터 들은 말, 이러한 것을 우선 받아들이는 습관을 길러야 합니다. 왜냐하면 세상에 우연이라는 것은 결코 없으며, 매일 우리가 보고 듣고 느끼고 만나는 것 전부가 반드시 어떤 필요에 의해 생겨나기 때문입니다. 바꾸어 말하면 당신이 체험하는 모든 일에는 반드시 어떤 의미가 있다는 뜻입니다.

친구 중 하나가 어떤 책을 꼭 갖고 싶었는데 절판이 되어 서점에 가도 찾을 수가 없었습니다. 거의 포기한 상태에서 때마침 볼일이 있어 신주쿠에서 요요기까지 가게 되었습니다. 그런데 철로에서 인신사고가 발생하여 전차가 멈춰 버린 것입니다. 다행히 신주쿠와 요요기는 가까운 거리라 걸어가기로 했는데 이것이 행운을 가져다 주었습니다. 요요기로 가는 도중에 있는 작은 고서점에서 그토록 갖고 싶어했던 그 책을 발견한 것입니다.

친구는 전차가 사고로 멈춰 버린 해프닝에 말려들었기 때문에 그토록 원하던 책을 가질 수 있었습니다. 따라서 그 사고야말로 그에게 큰 의미가 있었다고 해석할 수 있지 않을까요?

어떻습니까? 이렇게 생각해 보면 매일 체험하는 일들을 탐구해 보는 것도 재미있지 않을까 싶습니다. 나는 그게 습관이 되었습니다. 예를 들어 아침에 일어나서 TV를 켰을 때 나오는 뉴스를 보면 '이 뉴스에는 어떤 의미가 있을지도 몰라', '이 뉴스는 나에게 뭔가를 가르쳐 주고 있어' 라는 생각을 해 봅니다. 그랬더니 그것이 나중에 어떤 힌트를 가져다 주었습니다. 그런 체험을 수도 없이 해 보았습니다. 그야말로 매일 '수수께끼 풀이'를 하는 기분입니다.

그렇다고 해서 기회를 너무 의식하거나 성급하게 결론을 내려고 해서는 안 됩니다. 당신이 체험하는 일 그 자체는 어떤 일에 아무런 영향을 끼치지 못할지도 모르고, 그것을 '기회'라고 인식하기까지는 다소 시간이 걸리는 경우도 있기 때문입니다. 오히려 '돌이켜 보니 그것이 기회였다'는 경우가 더 많을 것입니다.

나의 오랜 친구 중에 와타나베라는 사람이 있습니다. 그는 비즈니스에서도 나의 좋은 파트너인데, 나와 그의 만남이야말로 체험이 기회가 된 전형적인 예로 볼 수 있습니다.

우리의 만남은 지금으로부터 24년 전으로 거슬러 올라갑니다. 당시 나는 작곡 공부도 할 겸 해서 이케부쿠로池袋에 있는 세이부 백화점 10층에 있는 레코드 전문점에서 아르바이트를 하고 있었습니다. 휴식 시간이 되면 다들 위층의 분위기 있는 카페로 커피를 마시러 가는데 거기에 나도 따라가 보았습니다. 그때 나는 당시 일본에 갓 등장한 에스프레소 커피라는 걸 마시게 되었습니다. 그러나 나는 진한 커피를 그다지 좋아하지 않았기 때문에 나도 모르게 얼굴을 찌푸렸습니다. 그런 내 표정을 보고 아메리칸 커피를 다시 갖다 준 웨이터가 있었습니다. 그 웨이터가 지금의 그 친구입니다.

그의 말을 빌리면 그때 내 표정이 마치 초등학교 2학년 정도의 어린아이가 울상을 짓고 있는 것 같아 불쌍한 마음에 아메리칸 커피를 서비스해 주었다는 것입니다. 그 사건이 인연이 되어 나는 그와 친구가 되었습니다.

당시에 그는 괴로운 생활을 하고 있었던 모양입니다. 이야기를 들어 보니 사립부속고등학교에서 문제없이 순탄하게 대학까지 진학할 예정이었는데, 경쟁이 치열한 법학부를 지원했다가 운 나쁘게도 시험에 떨어져서 재수생활을 하고 있었습니다. 설상가상으로 당시 부친이 경영하고 있던 회사가 파산해 경제적으로도 힘든 상황이 되어 카페에서 아르바이트를 시작하게 된 것이었습니다.

그런 그가 최근에 나에게 이런 말을 했습니다.

"지금 생각해 보면 그때의 불우한 시기가 내 인생에서 최고의 기회였던 것 같아. 안 그러냐. 그때 카페에서 아르바이트를 하지 않았더라면 너하고 어떻게 만날 수 있었겠어."

과연 듣고 보니 그럴듯하였습니다. 만일 그가 순조롭게 대학에 진학했더라면 나와 만날 기회는 없었을 것입니다. 따라서 파트너로 일을 하지도 않았을 테고, 각자 서로 다른 인생의 길을 걸었을 것입니다.

그렇게 생각하면 그의 불우했던 재수생 시절이야말로 그에게 중대한 의미가 있었던 것은 아닐까요. 그가 비즈니스에서 성공하기까지는 나의 역할이 절대적이었습니다. 그런 나와의 만남을 이끌어 주기 위해 하늘이 인생의 궤도를 수정해 주었다는 해석도 가능하지 않을까요.

당신도 마찬가지입니다. 인생에는 어떤 일이 일어날지 모릅니다. 언제, 어디에서, 어떤 기회가 찾아올지 모릅니다. 지금 당신이 체험하고 있는 일이 앞으로 대단한 기회와 연결될지 모르는 일입니다. 그러므로 좋은 일이건 나쁜 일이건 고스란히 받아들이고, '이렇게 된 데에는 분명히 어떤 의미가 있는 게 틀림없어'라고 생각해 보는 게 어떨까요. 그러면 모든 일이 좋은 방향으로 움직여 나갈 것입니다.

호기심이 기회를 잡는다

기회를 잡기 위한 두 번째 포인트, 그것은 사물에 대한 왕성한 호기심입니다.

처음 보는 것, 처음 듣는 것, 처음 먹어 보는 것, 처음 체험하는 모든 것들 중에는 당신의 인생을 풍성하게 해 줄 수 있는 '씨앗'이 숨어 있을 가능성이 큽니다. 귀가 솔깃한 정보일 수도 있고 꿈의 실현을 위한 열쇠일지도 모릅니다. 그것이 무엇인지 당시에는 이해하지 못해도 언젠가는 '아, 그게 기회였구나' 하는 생각이 들 때가 반드시 옵니다.

알기 쉬운 예를 하나 들어 보겠습니다.

지방에 사는 T씨라는 샐러리맨은 어느 날 거래처 사람과 이야기를 나누다가 '피톤치드'라는 낯선 단어를 들었습니다. T씨가 그 말의 의미를 물어보니, 피톤치드란 나무의 향기를 가리키는 말로 그 향기에는 인간의 정신을 안정시키는 효능이 있다고 하였습니다. 피톤치드에 흥미를 느낀 T씨는 상품도 수집하고 사람들에게 더 자세한 정보를 들어 보기도 하고 책을 통해 조사도 해 보았습니다.

그러던 중 그는 통나무집을 짓고 싶다는 꿈을 가지게 되었습니다. 피톤치드를 조사하면서 나무라는 천연 소재의 장점을 새롭게 알게 된 그는 100% 나무로 된 집에서 산다면 얼마나 상쾌한 기분이 들까 하고 생각하게 된 것입니다. 때마침 T씨는 집을 짓기 위해 저축을 하고 있었습니다. 그런 우연이 겹치자 어차피 지을 거라면 통나무집을 짓자는 결심을 하게 되었습니다. 그 후 얼마 안 가서 T씨는 실제로 통나무집을 지었습니다. 그로부터 10년이 지난 지금 T씨는 '지을 때도 좋았지만 세월이 갈수록 아늑함이 더해져 질리지가 않아. 이 집을 짓길 정말 잘했어'하고 통나무집을 지은 것에 진심으로 만족하고 있다고 합니다.

어떻습니까? 피톤치드에 대한 T씨의 호기심이 결국 통나무집으로 귀착되었습니다. 그의 호기심이 멋진 집을 가질 수 있는 기회를 불러들였다고 생각해도 좋지 않을까요.

이렇게 뭔지 모를 무언가를 만났을 때는 스스로 적극적인 자세로 탐구하는 습관을 지녀야 합니다. 모르는 것일수록 '이게 뭘까?'라는 호기심을 가져야 합니다.

그러나 피곤하거나 매너리즘에 빠진 생활을 하다 보면 어떤 일에도 호기심이 생기지 않을 수 있습니다. 그럴 때는 생활습관에 변화를 주거나 비일상적인 체험을 해 보는 것이 좋습니다. 그러면 '이게 무슨 꽃이지? 처음 보네', '앗, 이런 곳에 커피숍이 있었네. 베트남 커피? 음, 어떤 맛일까?' 이렇게 사소한 일에도 호기심이 날 것입니다.

질문에 성공의 해답이 있다

    피톤치드에 대한 한마디의 질문이 통나무집으로 연결되었습니다. 그런 관점에서 본다면 늘 왕성한 호기심을 가지고 사물을 대하고 모르는 일, 이해가 안 가는 일, 의문스런 일이 있을 때는 그 자리에서 물어보는 것도 기회를 잡는 계기가 되지 않을까요.

  질문이 기회를 잡는 계기를 만들어 주는 것은 두 가지 이유 때문입니다. 하나는 '그게 뭐야?'라고 물으면서 자신의 인생을 풍성하게 해 줄 '씨앗'을 만날 수 있게 해 준다는 것입니다.

  예를 들어 A씨가 '초고속 인터넷'이라는 말을 몰랐다고 칩시다. 그런데 B씨와 이야기를 하던 중에 초고속 인터넷이란 말이 튀어나왔습니다. 그래서 A씨가 '그게 뭔데?'라고 묻고, B씨는 그 의미와 장점을 알려줍니다. 그래서 A씨는 이런 생각을 합니다.

'나도 인터넷을 초고속으로 바꿔 볼까. 그러면 일반 전화 회선보다 통신 속도가 더 빨라질 테고, 영상이나 음악을 초고속으로 다운로드받을 수 있지 않을까.'

즉 초고속 인터넷이란 말의 의미(장점)를 알게 됨으로써 A씨는 인터넷을 더욱 즐길 수 있게 됩니다. 그러나 B씨에게 그 의미를 묻지 않았다면 A씨는 아직도 아날로그 회선을 이용하면서 '다운로드하는 데 왜 이렇게 시간이 많이 걸려! 인터넷 못해 먹겠네'라고 불평을 늘어놓고 있을지도 모릅니다.

다른 하나는 '그게 뭔데?'라는 질문으로 인해 이야기가 활기를 띠게 되고, 그 활력으로 갑작스런 기회(행운)와 만날 가능성이 높아진다는 점입니다.

두 명의 여성이 다음과 같은 대화를 나누고 있다고 해 봅시다.

"이번에 벨기에로 여행을 가. 거기 가면 오리지널 초콜릿을 마음껏 먹어 봐야지."

"초콜릿? 벨기에 것이 그렇게 맛있어?"

"그럼. 고디바, 노이하우스 같은 유명한 전문점이 많다니까. 먹어 보면 뿅 갈걸."

"진짜? 나도 고디바 초콜릿이라면 깜박 넘어가는데. 근데 노이하우스는 처음 들어 보는걸. 좋겠다, 마음껏 먹을 수 있어서."

"그럼, 너한테 올 때 선물로 사다 줄게. 그리고 다른 맛있는 곳도 알고 있으니까 가르쳐 줄게."

이렇게 해서 선물받은 초콜릿을 먹고 행복해 할 수 있다면 '그게 뭔데?'라고 물은 덕분이라 할 수 있지 않을까요. 이런 일이 쌓이고 쌓여 크나큰 기회를 잡을 수 있게 되는 것입니다.

이제부터 당신도 모르는 일이나 이해가 가지 않는 일이 있다면 그 자리에서 물어보는 습관을 길러 보세요.

자화자찬 같지만 나는 '질문 도사'입니다. 모르는 일이나 이해가 안 가는 일이 있으면, '잠깐! 그게 뭐지?', '무슨 뜻이야?'라고 묻고, 상대방에게 배웁니다.

물론 '이런 걸 물으면 비웃지는 않을까', '이런 걸 창피해서 어떻게 물어봐' 라는 생각은 절대로 하지 않습니다. '죄송하지만 제가 교양이 부족해서 그런데요' 하고 가벼운 마음으로 묻습니다. 그럴 때 오직 내 머릿속에는 모르는 걸 알고 싶다는 생각밖에 없습니다.

그러나 대부분 사람들은 헛된 자존심 때문에 그러지 못하는 것 같습니다. 심한 사람은 아는 척하기도 하는데 이런 경우는 최악이라고 해야겠지요.

"인터넷은 초고속으로 해야 해."

"그럼."

"벨기에 초콜릿이 제일 맛있지 않니?"

"그럼."

그것으로 끝. 결국 그런 사람은 초고속 인터넷을 즐길 수도 없고, 벨기에 초콜릿의 진짜 맛을 맛볼 수도 없습니다. 기회를 눈앞에 두고도 놓쳐 버립니다. 이래서는 자신을 성공으로 이끌어 줄 기회를 잡을 수 없습니다. 따라서 모르는 것은 솔직하게 모른다고 인정하고, 다른 사람에게 물어야 합니다. 이것은 창피한 일이 아닙니다. 오히려 상대방은 '이 사람은 가식이 없어. 솔직해'라고 당신의 사람됨을 높이 평가하고 당신에게 호감을 표시할 것입니다.

그런 의미에서 다른 사람한테 자주 묻고 배우기를 좋아하는 사람이야말로 진정한 의미의 '듣기 잘하는 사람'이라 할 수 있습니다.

지난번에 이런 일이 있었습니다. 나가노 현 지사인 다나카 야스오 씨가 우리 집에 놀러 오면서 쿠키를 사 오셨습니다.

"이거, 아주 맛있어요. 가이신도 쿠키입니다. 그 유명한."

이라고 하는 겁니다.

처음 듣는 말이라 물어보았습니다.

"에? 뭐라고요? 그렇게 유명한 제품인가요?"

그랬더니 다나카 씨는 쿠키에 관한 여러 가지 이야기를 해 주셨습니다. 이때 내가 만일 아는 척했더라면 다나카 씨에게 아무 말도 듣지 못했을 테고, 그 쿠키도 그저 그렇고 그런 쿠키로 끝나고 말았을 것입니다.

경영의 신으로 추앙받는 마쓰시타 고노스케松下幸之助 씨

는 '사업을 일으키는 가장 중요한 비결은 무엇입니까?'라는 질문을 받으면 이렇게 대답했다고 합니다.

"모르는 건 물어보는 것입니다."

문제 해결의 힌트나 타개책은 생각지도 않은 곳에서 발견되는 법입니다. 그는 늘 다른 사람의 말에 솔직한 자세로 귀 기울이고 남의 의견을 받아들여 그것을 사업에 참고로 삼았다는 자신의 경험을 그런 말로 표현했을 것입니다.

기다리지 말고, 먼저 행동하라

가끔 이런 상담을 받을 때가 있습니다.

"어떻게 하면 꿈을 실현할 수 있는 기회를 잡을 수가 있을까요?"

그러면 나는 이렇게 조언합니다.

"기다려서는 안 됩니다. 먼저 행동해 보십시오."

이렇게 말하면 무슨 뜻인지 몰라 어리둥절해 할지 모르겠지만 딱히 어려운 말도 아닙니다. 해외여행을 하고 싶으면 우선 여권을 취득합니다. 파티에 가고 싶으면 우선 드레스를 맞춥니다. 이렇게 바라는 일은 준비부터 해야 합니다.

그렇게 해야 하는 이유는 두 가지가 있습니다. 하나는 자신이 바라는 것에 대해 강한 동기를 부여할 수 있기 때문입니다.

해외여행을 가고 싶다고요? 우선 여권부터 만들면 '여권까지 만들었는데 아까워. 어디라도 가 볼까'라는 생각이 들 것입니다. 그러면 어떻게 될까요. 이번에는 정보에 민감해집니다. 거리를 걷다가도 여행사의 광고를 눈여겨보게 되고, 신문에 난 광고에도 관심을 가지게 됩니다. 인터넷으로 검색해 보는 횟수도 늘어날 것입니다. 그렇게 하다 보면, '앗, 이렇게 싸고 괜찮은 투어도 있구나' 하고 일정과 예산에 맞는 여행을 선택하게 됩니다.

나도 포르쉐를 사고 싶다는 생각을 한 후로는 늘 포르쉐를 눈여겨보고 있습니다. 아마 우리 집 부근에서 매일 열 대 정도는 볼 겁니다. 포르쉐를 사고 싶다는 생각을 하기 전에는 한 대도 눈에 들어오지 않았는데 말입니다. 역시 강한 동기를 부여했기 때문입니다.

  또 하나는 기회란 다른 사람을 통해 찾아오기 쉽다는 점을 들 수 있습니다. 예를 들어 당신이 파티에 가고 싶어 드레스를 새로 맞췄다고 합시다. 그리고 그 말을 누군가에게 합니다. 그러면 상대방도 신경을 써서 '다음 달 어디어디서 파티가 있는데, 같이 갈래요?' 라고 당신을 초대할 가능성이 생기는 것입니다.

  업계에서 손꼽히는 공원시설 회사를 자력으로 일으킨 S씨의 경우는 회사를 시작하기 전부터 명함을 만들어 여기저기 사람들에게 뿌리고 다녔다고 합니다.

"이번에 제가 이런 회사를 세우게 되었습니다. 잘 부탁드립니다."

"신용도 실적도 아직은 없습니다만, 발주는 꼭 저희 회사에 해 주십시오."

  이런 일을 되풀이하고 있던 중 드디어 이렇게 말하는 사람이 나타났습니다.

"그렇다면 어디 한번 견적이라도 볼까요."

"어디어디에 있는 공원에 대형 놀이시설을 설치할 계획인데, 한번 상담차 방문해 주십시오."

그 후 S씨는 서둘러 샐러리맨 생활을 접고 회사를 세웠다니 정말 놀랄 일입니다.

S씨의 예는 극단적일지도 모르겠습니다만 기회를 잡기 위해서는 그냥 기다리고만 있지 말고 스스로 행동하는 것이 중요합니다. 어느 날 갑자기 생각지도 않은 곳에서 길이 열릴지 모릅니다.

당신이라면 무엇부터 어떻게 행동하시겠습니까?

번뜩이는 직감을 소중히 여겨라

지금까지의 인생을 돌이켜 보십시오. 당신은 이런 생각에 빠져 본 적은 없습니까.

'고교시절 친구가 갑자기 보고 싶어졌다.'

'고향에 계시는 부모님 목소리가 갑자기 듣고 싶어졌다.'

'지금까지 별로 흥미가 없었는데, 갑자기 록 콘서트에 가고 싶어졌다.'

'오늘따라 왠지 초밥이 먹고 싶다.'

'영문은 모르겠지만 갑자기 영화가 보고 싶어졌다.'

어떻습니까? 이런 생각을 한 적이 있다면 이제부터 그 감각을 더 소중히 하십시오. 왜냐하면 그러한 감각은 당신의 이성을 넘어선 곳에서 활동하고 있는 무의식이 보내는 메시지일지도 모르기 때문입니다. 당신에게 기회를 제공하고 희망을 이루어 주려고, 무의식이 손을 뻗쳐 직감을 통해 전해주려 하고 있을지도 모릅니다.

내 인생은 이런 번뜩이는 직감의 집합과도 같습니다. 사람들과 만나 이야기를 나눌 때는 물론이고 식사를 할 때, TV를 볼 때, 좋아하는 음악을 감상할 때, 욕조에서 안락한 시간을 보낼 때, 이런 직감이 자주 머리를 스쳐 갑니다.

'오랜만에 그 사람한테 메일이라도 보내 볼까.'

'갑자기 유럽여행을 가고 싶어.'

'그 영화를 꼭 보고 싶어.'

'일본 술 마니아지만 오늘따라 샴페인을 마시고 싶어.'

'맞아, 그 사람하고 식사를 해야지.'

이러한 욕구에 따라 행동하면 대부분 반드시 어떤 수확이 있습니다. 인생에 도움이 되는 경우가 많습니다. 귀가 솔깃한 정보를 캐내거나 갖고 싶어하는 것을 손에 넣는 일, 만나고 싶었던 사람과 만난다거나 소박한 소원을 이루게 되는 일. 아무튼 '행운'이라 할 수 있는 일을 만나게 됩니다.

비즈니스로 성공한 사람들을 보면 한결같이 직감을 소중히 여긴다는 것을 알 수 있습니다. 업종이 무엇이든, '이 비즈니스는 대단해!', '앞으로는 이 비즈니스가 주류가 될 거야' 하고 기회를 잡는 것입니다. 느낌이 좋은 일을 따라 자신을 변화시켜 나가기 때문입니다.

나 또한 그랬습니다. 지금의 일을 하기 전에 나는 작곡가였습니다. 일반적으로 그런 직업을 가진 사람이 자신의 라이프스타일을 확 바꾸는 일은 거의 없다고 보아야 합니다. 자신의 재능을 사장시키게 되기 때문이지요.

그러나 나는 새로운 일에 관한 설명을 들었을 때 '바로 이거야'라는 직감을 가졌습니다. 좋다고 생각되는 일에 대해 자신을 얼마든지 바꾸어 갈 수 있었던 것입니다. 또한 실패에 대한 불안감도 없었습니다. 실패가 인생의 종착역은 아니다, 어떤 과정을 밟든지 언젠가는 반드시 최종 목적지에 도달할 수 있다, 그런 믿음의 끈을 놓지 않았습니다.

일이든 취미든 아무거나 상관없습니다. 당신도 '이거다!'라는 직감이 오는 일에 망설이지 말고 도전해 보시기 바랍니다. 그때 가슴이 두근거리거나 반드시 하고야 말겠다는 강한 욕구가 일어난다면 거기에 나의 운명을 결정할 무엇이 있다고 믿고 반드시 실행에 옮겨 보십시오.

그러나 직감에 따라 행동한 일이 잘 안 풀렸다고 해서 실망하거나 기죽을 필요는 없습니다. 그것이 기회로 인식되기까지 다소 시간이 걸리는 경우도 있기 때문입니다. 어떤 결과가 나오든 그것은 목적지에 이르는 과정에 지나지 않는다는 것을 끊임없이 머릿속에 새겨 넣어야 할 것입니다.

항상 남들이 기뻐하는 일을 하라

여기서 질문을 하나 던져 보겠습니다.

한참 일을 하고 있는데 컴퓨터가 다운되었습니다. 그때 누군가가 이건 이렇게 하면 된다고 친절하게 가르쳐 준다면 당신은 어떤 기분이 들겠습니까? '이 사람 정말 친절하구나. 어떻게 보답하면 좋을까?' 그런 생각이 들지 않을까요? 만일 그 사람이 어떤 어려움에 빠졌거나 고민하고 있다면 당신이 그 사람을 도와주고 싶지 않을까요?

혹은 생일날, 전부터 갖고 싶던 물건을 선물받았다면 당신은 어떤 기분이 들겠습니까? 기쁨에 넘쳐서 상대방의 생일날에 그 사람이 받으면 좋아할 선물을 하고 싶지 않을까요?

남을 기쁘게 하기 위해 자신이 먼저 노력하고 행동하는 것이 기회를 잡는 지름길입니다. 자신에게 친절하게 대해 주는 사람에게 호감이나 감사하는 마음을 갖는 것이 인지상정 아니겠습니까. 언젠가는 반드시 보답을 해야지, 이 사람이 하는 일에 도움을 줘야지, 그런 생각을 하게 됩니다.

이렇게 말하면 뭔가 대단한 일을 해 줘야 하는 것처럼 생각할 수도 있겠지만 결코 그렇지는 않습니다. 저 사람은 지금 뭘 원하고 있을까? 어떻게 해 주면 기뻐할까? 어떻게 하면 도움을 줄 수 있을까? 그런 자세를 가지고 대하면 됩니다. 간단히 말해 내가 받고 싶은 것을 상대에게 주고, 내가 싫어하는 일을 상대에게 강요하지 않으면 됩니다.

예를 들면 이런 마음가짐을 갖는 것입니다.

'A씨는 수타 우동을 좋아하니까 맛있는 수타 우동집을 발견하면 알려 줘야지.'

'B씨는 골프하다 허리를 다쳤으니까 침을 잘 놓는 사람이 있으면 소개해 줘야지.'

'C씨는 청주를 좋아하니까 다음 주에 니가타에 출장 가면 그곳 술을 한 병 사다 줘야지.'

상대방에게 그런 호의적인 태도를 보이는 것만으로도 상대는 기뻐할 것입니다. 어렵게 생각할 필요는 없습니다. 이 사람을 위해 내가 할 수 있는 일은 없을까? 그렇게 생각하면 됩니다.

그러면 이런 생각이 들 것입니다.

'A씨가 복사 때문에 고생하고 있는데 좀 도와줘야지.'

'B씨는 바쁜 것 같으니까 점심 도시락은 내가 사다 줘야겠다.'

'C씨는 외출했다가 막 들어왔으니까 목이 마를 거야. 마실 거라도 갖다 줘야겠어.'

너무 거창하게 생각하지 말고 조그마한 배려나 친절을 쌓는 것이 좋습니다. 자연스럽게 말입니다. 무의식적으로, 나도 모르게 한 것 같은 자연스러운 감각이 중요합니다. 그렇지 않으면 어딘지 모르게 어색하고 속 보이게 되어 오히려 상대방의 경계심을 부추길 수 있으므로 주의해야 합니다.

그러나 이렇게 하면 저 사람이 기뻐할 거라는 생각만으로는 아무런 의미가 없습니다. 생각하는 것은 누구라도 할 수 있습니다. 생각한 일을 행동으로 옮겨야 합니다. 그래야 비로소 남을 기쁘게 할 수 있습니다.

난 마음속으로 생각한 일은 바로 행동으로 옮기는 타입입니다. 저 사람한테 이걸 줬을 때 기뻐할 것 같으면 곧바로 그 사람한테 줍니다. 저 사람에게 맛있는 음식을 대접하고 싶으면 바로 그를 식사에 초대합니다. 늘 그렇게 합니다.

지난번에도 친구가 집에 놀러 와서 한 병에 10만 엔이 넘는 고급 와인 오퍼스 원(Opus one, 미국 나파 지역에서 나는 고급 와인 이름)을 딴 적이 있습니다. '그거 수집품 아냐. 따지 마!'라는 친구의 말을 무시하고 그냥 따 버린 거지요. 와인 창고에 진열해 두는 것보다 마시고 모두 즐거워하는 것이 훨씬 기분 좋은 일이니까요. 이때도 생각한 일을 바로 행동으로 옮긴 경우입니다.

가격이 비싸고 안 비싸고는 하나도 중요하지 않습니다. 문제는 다른 사람을 기쁘게 하고 싶은 생각이 들었을 때 그것을 자신이 가능한 범위 내에서 행동으로 옮길 수 있느냐는 것입니다. 그것을 습관화해야 합니다. 그렇게 하면 언젠가는 당신에게도 즐거운 일이 몇 배로 되돌아올 것입니다.

기회를 성급하게 찾지 말라

매년 여는 내 생일 파티에 올해는 미미클럽(米米CLUB)의 리더였던 이시이 다츠야 씨가 게스트로 와 주었습니다.

이시이 씨는 원래 미술에 관심을 가지고 있었지만 학창시절에 결성한 미미클럽이 프로로 데뷔한 이후로 밴드 활동 때문에 미술을 포기했다고 합니다. 그러다 밴드가 전국적으로 이름을 날리고 어느 정도 자리를 잡게 되자 이제는 무대 미술이나 복식 디자인, CD케이스 디자인과 같은 비주얼 아트 분야까지 활동 영역을 넓히고 있습니다. 에돌아 오느라 시간은 좀 걸렸지만 그토록 염원하던 미술계통의 일을 하게 된 것입니다.

보통 우리는 기다리는 일에 익숙하지 못합니다.

'이렇게 열심히 하고 있는데 기회라는 놈은 코빼기도 안 비쳐.'

'결국 기회란 올 사람한테만 오는 거야. 안 오는 사람한테

는 영원히 안 와.'

이렇게 속으로 되뇌며 한숨만 쉬고 있습니다.

그러나 기회는 반드시 찾아옵니다. 문제는 조급하게 성과를 내려는 당신의 마음에 있습니다. 성과에는 바로 결과가 나오는 것과 어느 정도 시간이 지난 후에 나오는 두 종류가 있습니다. 당신은 그것을 잊고 있을 따름입니다.

이것을 약에 비유해 보면 알기 쉽겠지요. 머리가 아플 때 두통약을 먹으면 20~30분 안에 두통이 사라집니다. 그러나 고혈압은 그리 간단치가 않습니다. 매일 혈압 강하제를 먹어야 하고 저염분 저칼로리 식사를 해야 하고 적절한 운동을 해야 합니다. 효과가 나올 때까지 어느 정도의 시일을 두고 노력을 해야 합니다.

인생도 마찬가지입니다. 내일 반드시 계약을 맺는다, 다음 주 시험에서 좋은 성적을 낸다는 식으로 금방 성과가 나오는 것이 있는가 하면 몇 개월, 몇 년이 지나서야 비로소 성과가 나오는 것도 있습니다. 특히 성공이나 꿈을 실현하기 위해서는 '성과'와 '성과가 나오기까지의 과정'이 한 세트라는 사실을 알아야 합니다.

또 어떤 성과를 오랜 세월 추구하다 보니 자기도 모르는 사이에 엉뚱한 부분에서 더 큰 성과를 얻는 경우도 있습니다.

예를 들면, 아는 사람 중에 '천직을 발견하는 방법'을 주제로 책을 쓴 사람이 있습니다. 그는 온갖 우여곡절 끝에 작가라는 지금의 직업을 발견했는데, 그전까지 수십 번도 더 이 직업 저 직업을 전전했습니다.

만일 처음부터 천직을 만났더라면 그런 책은 쓸 수 없었을 것입니다. 자신의 천직을 몰라 고민하고 몸부림친 결과, 지금의 천직을 만나게 된 것입니다. 그런 체험이 있었기에 그 책도 쓸 수 있었던 것입니다.

또 친구와 함께 광고대리점을 하다가 어느 날 분수선전 효과의 재미에 끌려 분수회사로 재출발하여 대성공을 거둔 사람도 있습니다.

때와 장소에 따라 기회는 아주 다른 모습으로 다가옵니다. 당신의 생각과는 전혀 다른 모습으로 찾아오는 것입니다.

그러므로 필요 이상으로 기회를 의식하지 말고 뭔가가 자신을 찾아왔을 때 그것을 그대로 받아들이고 실천해 봐야 합니다. 그러다 보면 그것이 후에 큰 기회로 변할 수 있습니다.

어려운 순간들을 역전의 기회로 삼아라

'구조조정으로 회사에서 잘렸다.'

'근무하던 회사가 도산해 버렸다.'

이와 같은 문제나 불의의 사고에 부딪히면 누구라도 충격을 받고 실의에 빠지거나, 그런 현실에서 도망치고 싶어질 것입니다.

그러나 그런 부정적인 일이 언제까지나 꼬리를 물고 그 사람의 인생을 허무하게 끝내지는 않는다는 점을 명심해야 합니다. 그런 부정적인 일이 오히려 기회를 만들어 주는 경우도 많습니다.

어떤 종합상사에 N이라는 엘리트 사원이 있었습니다. 어느 날 그가 일을 잘못 처리하는 바람에 큰 거래처와의 계약이 파기되었습니다. 결국 그는 오키나와에 있는 자회사로 좌천되고 말았습니다.

'본사의 엘리트 코스에서 벗어나 버렸다. 이제는 꿈도 희망도 없다.'

이렇게 한탄만 하던 N씨였는데 인생이란 참으로 묘한 것입니다. 오키나와의 따뜻한 기후가 그의 체질에 맞았던 모양이지요. 얼마 안 가서 지병인 알레르기가 없어졌습니다. 또 도시에서는 맛보지 못했던 풍성한 자연의 품에 안겨 있다 보니 정신적으로 여유가 생겨 예전처럼 매사에 조급하게 굴지 않게 되었습니다. 그리고 결정적인 것은 코발트블루의 바다에서 스쿠버다이빙을 즐기게 된 것입니다. 현지 사람의 권유로 도전해 보고 그 재미에 푹 빠져 버린 것이죠.

'바다 속이 이렇게 아름다울 줄은 몰랐어. 다이빙이 이렇게 재미있는 스포츠일 줄이야.'

그 후 N씨는 주말만 되면 그곳 토박이들과 함께 다이빙을 하게 되었고, 3년 후에는 마침내 지도자 자격까지 취득하여 회사를 그만두고 다이빙 숍을 차리게 됩니다.

좌천이라는 불의의 사고가 보람찬 제2의 삶을 가져다 준 사례입니다. 나쁜 일이라고 해서 반드시 자신의 인생을 망치는 것은 아닙니다. 그게 오히려 행운의 기회를 가져다 주는 계기가 될 수도 있으니 말입니다.

그러므로 자신에게 닥친 불행이나 사고를 무조건 무서워할 필요는 없습니다. 그런 때일수록 여기에는 뭔가 의미가 있다고 생각하고 용기 있게 그것을 받아들여야 합니다. 오히려 지금의 불행이 기회의 전조일 수도 있다는 희망을 가져야 합니다.

불의의 사고나 불행이라고 해 봐야 자신의 수준에 맞게 찾아오는 법입니다. 다시 말해 얼마든지 극복할 수 있는 정도의 사고이므로 반드시 해결할 수 있습니다. 그리고 그때마다 당신은 성장해 나갈 것입니다. 바로 거기에 한 인간으로서 살아가는 가치가 있는 것입니다.

또 한 가지 중요한 일은 부정적인 현상에 휩쓸렸을 때 필요 이상으로 그 물결에 저항하지 말아야 한다는 것입니다. 몸부림치면 칠수록 초조해지고 사태는 점점 악화될 뿐입니다. 그럴 때는 사태의 추이에 그냥 몸을 맡기십시오. 물론 최소한의 해야 할 일은 확실히 해야겠지요. 고민하거나 초조해 할 필요가 없습니다. 화를 내거나 안절부절못하거나 속상해 하지도 마십시오.

나는 카드 게임 중 세븐브리지를 좋아해서 가끔씩 즐기는데 아무리 해도 안 되는 날이 있습니다. 좋은 패가 아예 들어오지 않는 경우죠. 그런 날은 연전연패입니다. 그럴 때 나는 '오늘은 철저하게 당해 주자. 재난이여, 어서 오라' 하고 속으로 외칩니다. 그러면 아무리 패가 나빠도 태연할 수 있고, 그러다 보면 역전의 기회가 저절로 찾아오기도 합니다. 그런 상황에 딱 들어맞는 말이 있습니다.

료칸 오쇼良寬和尙의 말입니다.

"재난을 만났을 때는 재난에 따르라. 이것만이 재난을 벗어나는 유일한 길이다."

어려운 순간을 해결하는 지름길은 철저하게 거기에 빠져드는 것입니다. 명언이라고 생각하지 않습니까?

기회에도 순서가 있다

도요토미 히데요시豊臣秀吉에 관련된 유익한 에피소드를 하나 소개하도록 하겠습니다.

'혼노지本能寺의 변變'으로 주군 오다 노부나가織田信長가 아케치 미쓰히데明智光秀에게 살해당한 직후의 일입니다. 적과 싸우던 히데요시는 주군의 복수를 위해 지금의 오카야마 현에서 교토까지 맹렬한 기세로 되돌아왔습니다. 맨 먼저 달려와 주군의 복수를 하면 자신이 노부나가의 후계자가 되어 천하를 호령할 수 있다는 속셈도 있었겠지요. 천재일우의 기회란 바로 이런 경우를 두고 하는 말일 것입니다.

되돌아오던 도중 히데요시는 효고 현에 있는 자신의 성에 들러 그곳에서 부하들에게 있는 재물이란 재물은 모두 나누어 주었습니다. 재물을 나누어 주면 부하들의 사기가 높아질 것이라고 생각했기 때문입니다. 그것을 본 가신 중에 한 명이 그렇게 다 나누어 주면 주군은 알거지가 될 거라고 말리자, 히데요시는 이렇게 대답했다고 합니다.

"이런 바보 같은 녀석. 이번 전투에서 지면 우리는 다 죽어. 죽은 뒤에 재물이 무슨 소용이란 말이냐. 그러나 이번 전투에서 이기기만 하면 천하가 다 우리 것이 된다. 재물도 마찬가지다. 그런 간단한 이치도 모르느냐!"

기회를 확실히 잡기 위해서는 사물의 우선순위를 착오 없이 파악하는 습관을 기를 필요가 있습니다. 그러나 세상 사람들은 이런 진리를 몰라 자신에게 찾아온 기회를 놓쳐 버리는 경우가 많습니다.

어떤 TV 프로를 시청하고 있었는데, 멋진 남자를 만나 결혼하고 싶다고 입버릇처럼 외던 여자가 막상 친구에게 남자를 소개받자 입고 갈 만한 옷이 없다면서 거절하는 장면이 나왔습니다. 나도 모르게 그만 소리치고 말았습니다.

"빌려서라도 입고 가면 되잖아!"

그렇지 않습니까? 생각해 보십시오. 그 여자가 파티에 어울리는 옷 한 벌 구하는 건 그리 대단한 일도 아닐 것입니다. 없으면 사든지 빌리든지 하면 될 것입니다. 무엇보다 중요한 일은 결혼 상대를 찾는 것입니다. 파티에 갔더라면 운명적인 만남을 가졌을지도 모를 일입니다. 그럼에도 불구하고 입고 갈 옷이 없다는 사소한 일로 고민하다가 어쩌다 찾아온 기회를 놓치다니, 세상에 그런 안타까운 일이 어디 있겠습니까.

이것은 사물에 대한 명확한 우선순위를 몰라서 저지르는 잘못으로 볼 수 있습니다. 지금 당장 해야 하는 일, 내일로 미뤄도 되는 일을 평소에 잘 정리해 두어야 합니다. 또한 무엇이 가장 중요하고, 그 다음 순위는 무엇인지를 끊임없이 머릿속에 그리면서 행동해야 합니다.

무슨 일이 있어도 내 가게를 갖고야 말겠다는 사람은 자금 조달이나 좋은 물건을 찾는 데 온 정열을 다 바쳐야 합니다. 그런 사람이 해외여행을 가고 싶다든가, 스포츠카를 갖고 싶다고 생각해서는 안 되는 것입니다. 그런 건 가게를 꾸려 돈을 번 후에 생각해도 될 일입니다.

영어를 마스터하고 싶은 사람도 마찬가지입니다. 독일어와 프랑스어까지 배우려 하다가는 힘이 분산될 것입니다. 두 마리 토끼를 쫓다가는 하나도 건지지 못한 채 끝날 가능성이 많습니다.

눈앞에 기회가 찾아오면 그것을 내 것으로 만들 생각만 해야 합니다. 거기에 자신의 모든 에너지를 집중해야 합니다. 그 밖의 일은 나중으로 미룹시다. 이런 태도가 습관이 되면 어떤 일에 대해서도 정확한 상황 판단이 가능해질 것입니다.

기회는 겸손한 사람을 좋아한다

다시 이런 질문을 해 보겠습니다.

'판매 전략과 영업 실적이 좋아 과장으로 승진했다.'

'이상적인 남성(여성)과 만나 결혼하게 되었다.'

주위 사람들에게 이런 말을 들었을 때 당신은 어떤 감정을 품을까요?

'그거 정말 잘됐네. 나도 그 사람에게 질 수야 없지. 더 분발하자'라는 기분이 든다면 더할 나위 없지만 '저런 사람에게 추월당하다니 분하다'라는 감정이 일어난다면 조심해야 합니다.

전자는 자신의 마음을 플러스 방향으로 이끌어 주지만, 후자는 시기와 질투에 지나지 않으므로 자신의 마음을 마이너스 방향으로 몰아넣어 버립니다.

그런 사람은 상대방의 결점을 찾는 데만 혈안이 되어 흠을 들추고 그 사람에 대한 험담만 늘어놓습니다. '저런 놈은 언젠가는 크게 실수해서 잘리고 말 거야', '가정파탄이나 나서 망해 버려라'라는 식으로 무심코 상대방의 불행이나 실패를 바라게 됩니다.

그러나 상대방의 결점을 들추고 상대의 실패나 불행을 바란다고 해서 자신이 발전하는 건 아닙니다. 오히려 자신의 추한 인간성이 드러나 주변 사람들에게 따돌림을 당하기 십상입니다. 그래서는 다른 사람의 도움을 받을 수 없을 것이고, 기회는 더욱 멀어지고 맙니다. 남을 시기하고 비방하는 것이 얼마나 무익한 일인지 항상 마음에 새겨 두시기 바랍니다.

다른 사람과 자신을 비교하는 것은 시간낭비에 지나지 않습니다. 그렇게 다른 사람 꽁무니만 쫓아다니는 데 쓸모없이 에너지를 낭비하지 말고 자신의 시간을 유익하고 보다 의미 있게 사용해야 합니다.

　남의 장점을 인정하고 평가하는 태도를 가진 사람은 반드시 좋은 기회를 잡게 됩니다. 그런 사람은 자신을 잘 알고 있기 때문에 항상 겸손합니다. 겸손하면 상대방을 인정할 수 있고 상대방에게서 뭔가를 배우려는 자세를 가지게 됩니다. 그러면 자연히 상대도 그를 좋게 평가하게 됩니다. '이 사람을 도와주자, 응원해 주자'라는 마음이 일어나는 것이죠. 기회는 바로 그렇게 오는 것입니다.

　상대방이 아무리 당신의 라이벌일지라도 쓸데없는 질투심은 품지 말 것. 스스로 가면을 벗어던지고 겸손한 태도로 상대의 좋은 점을 배울 것. 그런 자세가 당신에게 생각지도 않은 기회를 가져다 줄 것입니다.

'아깝다'는 생각을 항상 가슴속에 품어라

'과장 진급이 결정되었다.'

'A사와의 거래가 성사되어 이번 달 우리 부서의 영업실적이 크게 올랐다.'

'세무사 시험에 합격했다.'

이렇게 기회를 잡았을 때일수록 아깝다는 생각을 가져야 합니다.

대체 무슨 뜻일까요? 이것은 귤 따기 시합을 예로 생각해 보면 쉽습니다. 1분 동안 귤을 따고 싶은 만큼 따기로 합니다. 30초가 지났을 때 생각보다 많은 귤을 땄습니다. 이때 '야, 이렇게 많이 땄어' 하고 그만 손을 놓을 사람은 없을 겁니다. 대부분은 아직 30초나 남았으니까 시간이 아깝다, 더 따자 하고 더욱 힘을 낼 것입니다.

이런 식으로 기회를 잡고 어느 정도 성과를 냈을 때 충분하다고 생각하지 말고 아직 멀었다고 생각해야 합니다. 그러면 한 단계 더 높은 목표가 시야에 들어오는 것이죠.

'과장으로는 부족해. 부장은 되어야지.'

'다음 달에는 B사와 거래를 성사시켜 이번 달보다 더 나은 영업실적을 올리자.'

'세무사 자격증만으로는 부족해. 내년에는 공인회계사에도 도전해 보자.'

내가 지금의 일로 성공을 거둔 것도 이런 아깝다는 생각을 늘 가지고 있었기 때문입니다.

'이걸로 만족할 수는 없어. 더 높은 곳으로 올라가야 해. 여기까지 온 것만 봐도 내게는 더 높이 올라갈 능력이 있어. 이제 겨우 반환점을 돌았을 뿐이야.'

늘 이런 식으로 생각해 왔고 그런 의식이 나를 성공으로 이끌어 주었습니다. 당신도 그럴 수 있습니다. 일의 내용이 무엇이든 성과를 낼 수 있다는 것은 능력과 실력이 있다는 증거입니다. 그리고 그 일이 당신의 적성에 맞는다는 증거입니다. 그렇다면 하나의 성과에 만족하지 말고 좀더 큰 목표를 세워 더욱 분발해 보면 어떨까요.

목표를 고정시켜 두면 그냥 그곳에 멈춰 버리게 마련입니다. 그러지 않기 위해서는 하나의 목표에 도달했을 때 또 다른 목표를 설정하여 그곳을 향해 맹렬히 돌진해야 합니다. 그런 과정에서 인생의 드라마가 생기고 새로운 인연이 맺어지고 당신에게 소중한 뭔가가 찾아오는 것입니다. 그러면 기회는 자연히 당신의 뒤를 따라다니게 될 것입니다.

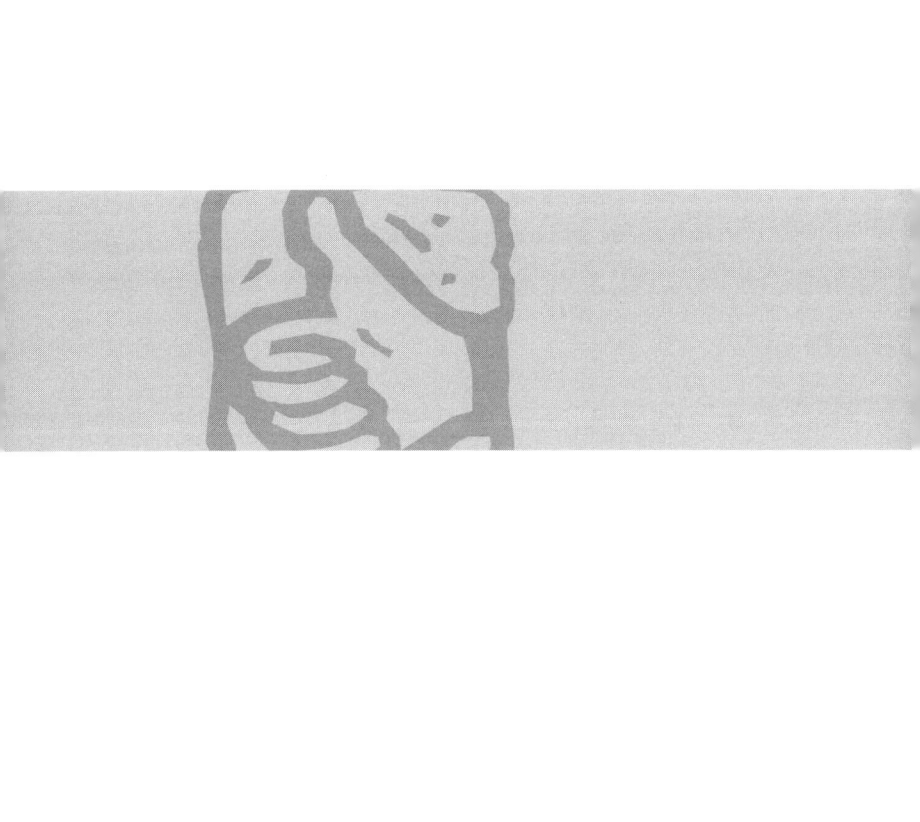

3장

'사람'과의 만남

나에겐 만나는 사람이 모두 인맥입니다.
사람을 만날수록 인생의 기회도
늘어난다는 것이 나의 지론입니다.
간단히 말해서 "인맥! 인맥!" 하고 외치지 않아도
만난 사람과의 인연을 소중히 하고
좋은 인간관계를 만들어 가면,
그 사람들의 도움으로 자연히 자신의
인생을 바람직한 방향으로
이끌어 갈 수 있다는 것입니다.

 '사람' 과의 만남

내일 만날 사람이 당신의 운명을 바꾼다!

사람을 많이 만날수록 기회는 늘어난다

나는 주변 사람들에게 "카오루 씨의 인맥은 정말 대단하네요. 어떻게 하면 그렇게 많은 인맥을 만들 수가 있죠?"라는 질문을 자주 받습니다. 그러면 난 "내가 하는 일이 사람을 만나는 일이라 자연히 그렇게 된 것 같습니다"라고 대답합니다. 대다수 사람이 인맥에 대해 많은 관심을 가지고 있는 것 같습니다. 그래서 나도 곰곰이 생각해 보았습니다.

'인맥을 만드는 게 그렇게 어려운 건가?'

그런데 많은 사람들이 인맥이란 의미를 잘못 이해하고 있는 건 아닌지 모르겠습니다. 이해타산을 따져서 사람을 대하는 것, 자신에게 도움을 주고 기회를 가져다 줄 만한 사람과 어떻게든 만나서 친해지는 것을 인맥이라고 생각하는 것 같습니다. 당신의 경우는 어떻습니까?

나는 그렇게 생각하지 않습니다. 나에겐 만나는 사람이 모두 인맥입니다. 사람을 만날수록 인생의 기회도 늘어난다는 것이 나의 지론입니다. 간단히 말해서 "인맥! 인맥!" 하고 외치지 않아도 만난 사람과의 인연을 소중히 하고 좋은 인간관계를 만들어 가면, 그 사람들의 도움으로 자연히 자신의 인생을 바람직한 방향으로 이끌어 갈 수 있다는 것입니다. 어떻습니까? 쉽지 않습니까?

실제로 나는 이런 체험을 많이 했습니다.

'A씨의 소개로 B씨를 알게 되고, B씨의 소개로 C씨를 알게 되어, 그 C씨가 나에게 소중한 기회를 제공해 주었다.'

'D씨가 E씨를 소개해 주고, 그 E씨가 F씨를 연결해 준 덕분에 필요한 정보를 입수할 수 있었다.'

인간의 네트워크란 얼마나 대단한지 모릅니다. 최근에도

그러한 사실을 통감케 하는 행복한 체험을 했습니다.

예전에 야마하가 주최한 세계가요제에서 그랑프리를 수상했던 나의 작품, 〈굿바이 모닝〉이란 곡이 베를린 필 피아노 트리오와 밀라노 스칼라 필의 수석 멤버가 연주하여 2003년 봄, CD에 수록되어 나온 것입니다. 이 CD에 든 곡은 모두 바흐, 쇼팽, 슈베르트와 같은 거장들의 작품으로 그 외의 곡은 비틀스의 〈예스터데이〉와 나의 〈굿바이 모닝〉뿐입니다. 음악의 세계에서 오래전에 은퇴한 나에게 어떻게 이런 행운이 찾아온 걸까요?

지금 와서 생각해 보면 모든 것은 내 집에서 시작되지 않았나 싶습니다. 지금 내가 살고 있는 집은 유명한 건축가인 에드워드 스즈키 씨가 내장 디자인을 맡아서 주거의 편리함은 물론이고 인테리어를 포함한 모든 부분이 최고의 멋과 품격을 자랑하는 곳입니다. 스즈키 씨의 대표작으로 수많은 사람들이 주목하는 건축물이기도 합니다. 이러한 이유로 어느 날 모 출판사에서 세계적인 첼리스트 요요마 씨가 우리 집에서 연주하고 있는 장면을 찍고 싶어한다는 의뢰가 들어

왔습니다. 일류 아티스트인 요요마 씨의 연주를 우리 집에서 들을 수 있다니, 이런 행운이 어디 있겠습니까. 그러나 아쉽게도 그 기획은 스케줄 관계로 취소되고 말았습니다. 요요마 씨의 연주를 학수고대하고 있었던 나의 실망감은 이루 말할 수 없었습니다.

그런데 다음 날, 에드워드 스즈키 씨의 건축물을 꼭 견학하고 싶다는 한 여성이 우리 집을 찾아왔습니다. 그 사람과 이런 저런 이야기를 나누던 중 얼마 전의 연주 취소 건을 무심코 토로했더니 놀랍게도 이런 말을 하는 것입니다. 베를린 필하모니에서 예전에 콘서트마스터(concert master, 관현악단의 제1바이올린 수석 연주자)로 있던 브라허 콜야 씨가 가까운 시일에 일본을 방문하기로 되어 있는데, 그에게 우리 집에서 연주해 달라는 부탁을 해 볼 수 있다는 것입니다. 알고 보니 그녀가 콜야 씨에게 귀한 바이올린을 계속 빌려 주고 있기 때문에 그 정도의 부탁이라면 들어주리란 것이었습니다.

그녀의 말대로 후일 콜야 씨는 베를린 필 피아노 트리오의 멤버인 필립 몰 씨와 함께 우리 집에 와서 연주를 해 주었습니다. 세상에는 이런 일도 있습니다. 더 들어 보세요. 이야기는 여기서부터 시작입니다. 연주회가 끝나고 그 분들이 돌아갈 채비를 하고 있을 때 불가사의한 우연이 일어났습니다. 이날 나는 친구를 초대했었는데, 그 친구와 필립 몰 씨가 공교롭게도 같은 아파트에 살고 있었던 것입니다. 몰 씨의 부인은 일본인으로 일본에 체류할 때는 그 아파트를 사용하고 있었습니다.

그런 우연으로 친구와 몰 씨 부부는 같은 택시로 돌아가게 되었는데 이때 내가 작곡한 〈굿바이 모닝〉이 화제에 올랐던 모양입니다. 몰 씨가 흥미를 보여 친구가 CD를 들려줬더니 아름다운 곡이라고 절찬했다고 합니다. 그는 내 곡이 마음에 들었는지 베를린 필하모니의 동료들과 CD로 만들고 싶으니 이 곡을 목관악기 중심인 클래식용으로 편곡할 수 없겠느냐고 물어 왔습니다. 나야 두 손을 들고 환영할 일이었지요. 생각지도 않은 행운에 기뻐 날뛴 것은 말할 것도 없습니다.

여기에서 잠깐 이야기가 바뀝니다만, 작년 여름 유럽에서 대홍수가 일어나 독일에 있는 드레스덴 가극장이 침수된 사건이 있었습니다. 나는 예술을 사랑하는 사람으로서 재건을 돕기 위해 기부금을 냈는데 그 일로 가극장 관계자가 무척 고마워했었습니다. 그런 연유로 내 곡을 수록한 CD를 발매하여 그 판매금을 드레스덴 가극장 재건에 기부하면 어떻겠냐는 이야기가 나왔습니다. 그 제안에 찬성한 몰 씨가 밀라노 스칼라 필하모닉에 있는 친구들에게 요청을 하였고 그들도 흔쾌히 받아들여 공동으로 CD를 내게 되었습니다. 베를린 필과 밀라노 스칼라 필이 한 장의 CD에 함께 들어간 것입니다. 이것은 마치 마돈나와 머라이어 캐리가 함께 CD를 낸 것과 같다고 보면 됩니다. 더 놀라운 일은 밀라노 스칼라 필 사람들도 편곡을 달리하여 제 곡을 연주하기로 했다는 것입니다.

이것이 한 장의 CD가 나오기까지의 대략적인 경위입니다. 일류 연주가들이 내 곡을 연주해 주는 기쁨도 기쁨이지만, 여러 사람이 복잡한 경로를 통해 한 장의 CD를 탄생시

켰다고 생각하니 말할 수 없는 감동이 일었습니다.

지난번에는 일본축구협회 회장인 가와부치 씨의 초대로 국립경기장에서 열린 한일 축구시합을 관전했습니다. 가와부치 씨는 코시노 준코 씨 덕분에 알게 된 분입니다. 준코 씨를 소개해 주신 분을 비롯하여 나를 여기까지 이끌어 준 많은 사람들을 소개해 준 모든 분들께 감사드립니다. 행복이란 감사하는 마음에서 나오는 것입니다.

그러나 나의 체험이 결코 특수한 예는 아닐 것입니다. 앞에서 말한 것처럼 당신도 인맥에 대한 개념과 발상을 조금만 바꾼다면, 다른 사람들에게서 좀더 많은 행복을 선물받을 수 있습니다. 그러기 위해서는 기회를 가져다 줄 만한 사람하고만 사귄다는 발상은 말끔히 버리고, 만나는 사람의 수만큼 기회가 생긴다는 생각을 가져야 합니다. 그리고 만난 사람과 보다 좋은 관계를 맺기 위해 노력해야 하는데 무엇보다 사람을 대하는 적절한 방법을 터득해야 합니다. 그럼 이제부터 카오루식의 인맥 조성 비결을 말씀드리겠습니다.

스스로 만남을 찾아라

최근에 잘 아는 사람에게서 정말 아깝다는 생각이 드는 그런 이야기를 들었습니다. 2002년 가을, 내가 캘리포니아에서 테니스를 치던 때의 일로 거슬러 올라갑니다. 그때 나는 리치라는 나이 든 남자와 복식 팀이 되었습니다. 이 리치라는 분은 알고 보니 세계적으로 유명한 여자 프로 테니스 스타인 미국의 린제이 데이븐포트(Lindsay Davenport) 선수의 약혼자 아버지였습니다. 그래서인지 테니스 솜씨도 보통이 아니었습니다. 모 대학에서 테니스 코치를 다년간 맡아 그 대학을 몇 번이나 우승으로 이끌었다고 합니다.

실은 그 자리에 데이븐포트 선수와 그녀의 코치도 올 예정이었습니다. 알고 보니 그 코치는 약혼자의 친형으로 그녀에게는 미래의 시아주버니가 될 사람이었습니다. 그러나 그때 데이븐포트 선수가 대회에서 승승장구를 하는 바람에 그날은 오지 못했습니다. 데이븐포트 선수와 테니스를 칠

수 있는 좋은 기회였는데 참으로 아쉬웠습니다. 그러나 리치 씨 같은 분과 함께였으니 그것만으로도 말할 수 없는 영광이었죠.

그런 흥분을 그대로 간직한 채 귀국한 나는 만나는 사람마다 그 일을 이야기했습니다. 그로부터 한참이 지난 2002년 2월의 일입니다. 토레 판 퍼시픽 테니스 토너먼트의 일주일치 티켓을 입수한 나는 준결승과 결승만 보면 될 것 같아 나머지는 모두 지인에게 줘 버렸습니다. 그런데 그 지인이 시합을 보러 갔더니 놀랍게도 바로 옆자리에 데이븐포트 선수와 그녀의 코치인 리치 씨가 앉아 있었다는 겁니다. 그런데 그는 인사는커녕 말 한마디도 못 걸었다는 것이 아닙니까. 영어도 유창한데 말입니다.

이 이야기를 전해 들은 나는 너무나 아쉬웠습니다. 그렇지 않습니까? 만일 그 지인이 나와 잘 아는 사이라 일전에 캘리포니아에서 아버님과 내가 함께 테니스를 쳤다는 말을 들었다고 했더라면, 그것을 계기로 이야기가 활발하게 전개되어 서로 친해질 수도 있었을 텐데 말입니다.

내가 하고 싶은 말은, 만남의 계기란 당신이 상대에게 말을 거는 데서 출발한다는 것입니다. 그러나 의외로 이게 잘 안 됩니다. 생판 모르는 사람에게 말을 걸다니 창피하기도 하고, 상대방이 이상하게 생각할 거라는 두려움이 들기 때문입니다. 누구라도 처음에는 모르는 사람일 수밖에 없습니다. 모르는 사람, 자신과 아무 관계 없는 사람을 아는 사람으로 만들려면 어느 쪽에서든 움직여야 합니다. 개중에는 이야기도 나누어 보지 않고 '싫어하면 어떡하나, 상대해 주지 않으면 창피해'라고 생각해 버리는 사람이 있습니다. 그러나 이것은 쓸데없는 걱정에 지나지 않습니다.

세상사 모든 일은 해 보지 않고서는 알 수 없는 법입니다. 불가능할 것 같고 어려울 것 같아도 실제로 해 보면 의외로 간단하게 풀리는 경우도 많습니다. 인간관계도 예외가 아닙니다. '이상하게 생각하면 어떡하나, 상대도 안 해 주면 망신인데'라는 생각이 들더라도 일단 말을 걸어 보면 상대방도 마음의 문을 열어 활발한 대화의 장이 마련될 가능성이 충분히 있습니다.

내 경우는 부닌 씨에게 우리 집에 와서 피아노를 연주해 주십사 하고 부탁했을 때가 그랬습니다. 만일 내가 처음 만난 사람한테 그런 부탁은 큰 실례라고 생각했다면 내 소망은 결코 이루어지지 않았을 것입니다. 그러나 나는 '안 되면 할 수 없고 우선 부탁이나 해 보자, 혹시 모르는 일이니까' 하고 생각했던 것입니다. 부탁이 통하지 않았을 때는 애석한 일이라 생각하고 더 이상 미련을 가질 필요가 없습니다.

자기 멋대로 이것저것 생각하고 고민할 시간이 있으면 밑져야 본전이라는 심정으로 일단 상대에게 다가가 말을 걸어 보는 겁니다. 나처럼 처음 만난 상대에게 갑작스레 뭔가를 부탁하는 것도 아니고, 단지 말을 걸어 보는 것뿐이지 않습니까. 그 정도라면 당신도 가능합니다. 우선은 스스로 움직여 보는 겁니다. 그렇게 해야만 비로소 사람들과 사귈 수 있는 계기가 만들어집니다.

그래도 아직 망설임이 남는다면 '이 사람하고 잘 맞을 것 같은지, 좋은 사이가 될 것 같은지'를 직감적으로 판단해 보는 것도 좋습니다. 사고나 이론으로 결정할 수 없다면 육감을 따라 보는 겁니다. 그래서 맞을 것 같다는 생각이 들면 상대가 누구든 당신이 먼저 말을 걸어 보십시오. 모든 인맥은 거기서 출발합니다.

이성보다는 느낌으로 사람을 보라

만남의 계기는 당신이 말을 거는 데서 시작됩니다. 당신이 말을 건네면 상대도 마음을 열어 이야기의 꽃이 피어날 가능성이 있습니다. 바꾸어 말하면 사고보다는 감각을 중시하면서 사람을 접해야 한다는 것입니다. 더 알기 쉽게 말하면 만나는 사람에게 말이나 정보를 전달하기보다는 자신의 감정 즉, '당신과 친해지고 싶다, 당신과의 인연을 소중히 하고 싶다'는 생각을 전하는 것이 더 중요하다는 것입니다. 이것이 상대방과 커뮤니케이션, 곧 소통하기 위한 첫걸음입니다.

어느 날, 한밤중에 잠이 깨 TV를 켰다가 NHK 교육TV의

〈명곡앨범〉이란 프로에서 아주 감동적인 곡을 들었습니다. 그리고 다음 날 사무실에서 전단지 한 장을 발견했는데 우연히도 전날 밤 들은 곡을 부른 가수, 조르다노 씨의 콘서트 광고지였습니다.

그 후 콘서트장을 찾아가 그녀의 노래를 라이브로 감상했습니다. 콘서트가 끝나고 친구들과 막 돌아가려고 하는데 조르다노 씨가 참석하는 파티가 곧 열린다는 장내방송이 흘러나왔습니다. 그 방송을 듣고 나는 어떻게든 파티에 참석하고 싶어 서둘러 파티장 앞까지 친구들을 끌고 갔습니다.

그런데 우리 모습이 다른 사람들과 어쩐지 분위기가 달랐던지 접수하는 사람이 관계자로 착각해서 파티장의 중앙에 있는 테이블로 안내해 주었습니다. 더욱 놀라운 일은 파티가 중반쯤 진행됐을 무렵에 일어났습니다. 조르다노 씨가 어디에 앉아야 할지 우물쭈물하는 모습을 보고 나는 망설임 없이 손을 들어 그녀를 불렀습니다.

말보다는 태도가 어필하는 경우도 있는 모양입니다. 그녀가 진짜로 우리가 앉은 테이블로 온 것입니다. 때마침 외국어를 잘하는 친구가 있어 그가 통역을 해 주었고, 우리는 이야기꽃을 피우며 즐거운 시간을 보낼 수 있었습니다.

그때 파티에 참가했던 사람들은 대부분 예의바르고 얌전한 분들만 계셔서 우리를 힐끔힐끔 보고만 있을 뿐이었습니다. 어쩌면 우리가 너무 친해 보여 진짜로 조르다노 씨의 친구라고 생각했는지도 모릅니다.

나는 영어를 하나도 모릅니다. 간단한 인사 정도라면 몰라도 일상 대화는 거의 깡통수준입니다. 그럼에도 불구하고 어떻게 이런 신기한 일이 일어났을까요. 그것은 역시, 무조건 그녀와 꼭 이야기를 나누고 싶다는 나의 바람 때문에 가능했던 일입니다. 그런 자세를 가지고 있으면 이쪽의 열의가 상대방에게도 조금은 전달되는 법입니다.

또 한 사람을 소개하고 싶습니다. 코린 커크라는 미국 여성입니다. 그녀는 에이전트와 헤어메이크업 아티스트라는 두 개의 직업을 가지고 있습니다. 에이전트로서 그녀는 배리 본즈와 같은 미국 스포츠계의 일류 선수를 고객으로 관리하고 있습니다. 또 헤어메이크업 아티스트로서 그녀는 브리트니 스피어스나 크리스티나 아길레라와 같은 유명 가수, 슈퍼모델, 할리우드의 여배우들을 상대하고 있습니다.

  나는 그녀와 친해진 덕분에 그런 유명한 사람들을 소개받거나 그들에 대한 여러 가지 이야기를 들을 수 있었습니다. 덤으로 따라 온 이런 굉장한 행운이 없다 하더라도 그녀는 아주 매력적인 여성이기에 그녀와 알게 되었다는 사실 자체만으로도 내게는 소중한 일다는 사실입니다.

  이와 같은 일들은 아주 극단적인 예이겠지만, 분명한 것은 말이 통하는 사람들끼리라면 자신의 생각을 상대에게 잘 전달할 수 있을 것입니다.

  '당신과 친구가 되고 싶다.'

  '당신과의 인연을 소중히 하고 싶다.'

  이런 생각을 가지고 상대를 진심으로 대하면 설령 당신이 말을 잘 못하는 사람이더라도 그 열의만큼은 확실하게 상대의 마음에 전달될 수 있습니다. 그러면 결국 상대도 마음의 문을 활짝 열게 될 것입니다. 문제는 당신의 마음속에 그런 열의가 있느냐입니다.

좋은 인사말은 관계를 발전시킨다

대부분의 사람들이 타 업종과의 교류를 위한 모임이나 세미나 등 사람들이 많이 모이는 장소에 적극적으로 참가하여 많은 사람들을 만나고 명함을 교환하는 것이 인맥 만들기의 첫걸음이라고 생각합니다.

물론 그렇습니다. 그러나 꼭 그렇게 거창하게 생각할 필요는 없습니다. 아까도 말했듯이 만나는 사람이 모두 인맥인 것입니다. 따라서 늘 얼굴을 마주치는 사람, 예를 들면 직장의 청소부 아주머니, 경비원 아저씨, 식당의 지배인, 귀가 길에 자주 들르는 슈퍼마켓의 아가씨 등 당신의 주변에 있는 사람들이 인맥이 됩니다.

하지만 명심해야 합니다. 이렇듯 일상생활에서 만나는 사람들에게도 당신이 먼저 다가서야 합니다. 그리고 그 기본이 인사를 잘하는 것입니다. 먼저 마음을 열고 적극적으로 말을 걸어서 상대를 나의 페이스에 맞추는 것입니다. 그러나 "안녕하세요, 잘 지내셨습니까"라는 상투적인 표현으로는 곤란합니다.

때와 장소, 경우에 따라 다르겠지만 이렇게 말을 덧붙여 보면 어떨까요.

"안녕하세요 A씨. 어제 골프는 어떠셨나요?"

"잘 있었나 B군. 요즘 혈압은 좀 어때?"

"안녕하세요 C씨. 오랜만입니다. 전에 뵈었을 때 호주로 여행 가신다고 하셨는데 잘 다녀오셨어요?"

상대의 관심사를 감안하여 가볍게 말을 걸어 보는 겁니다. 그러면 이야기가 한두 마디로 끝나지 않습니다. 그것을 계기로 화젯거리가 풍성하게 나올 수 있습니다. 또한 상대의 관심사를 고려해 질문하는 것은 그 사람의 존재를 인정한다는 것이므로 상대도 자신에게 관심을 기울이는 당신에 대해 호감을 가지게 될 것입니다.

지인인 K라는 분은 이런 방법을 이용해 매일 회사로 도시락을 배달해 주는 아저씨한테 인사를 했고, 이 만남을 계기로 행운을 손에 넣었다고 합니다. 그때 상황을 잠시 재현해 봅시다.

"안녕하세요 아저씨. 수고가 많으시네요. 어제는 다카하시 선수가 3안타나 치는 대활약을 했다죠. 거기다 구와다도 피칭이 좋았고, 아저씨는 요미우리 팬이니까 맥주도 맛있었겠네요."

"매일 그렇게만 해 주면 얼마나 좋아."

"그래요, 이번 주 일요일에 도쿄 돔구장에 가시기로 했다면서요. 좋으시겠네요. 요미우리와 한신 전을 실제 볼 수 있다니."

"그런데 못 가게 됐어. 하필이면 그날 딸 약혼자가 인사하러 온다고 해서 말야."

"저런, 그럼 표는 어떻게 해요?"

"그래서 말인데 괜찮다면 내 표 줄 테니까 K씨가 갈래?"

이제부터 인사를 습관화하도록 합시다. 인사 횟수가 늘어날수록 K씨처럼 행운이 찾아올 확률도 높아질 것입니다.

상대방의 삶과 가치관을 존중하라

당신은 처음 만난 사람과 명함을 교환할 때 마음속으로 어떤 생각을 하십니까? 또는 오늘부터 새로운 직장(부서)에서 일하게 되었다고 했을 때 직장 동료에게 어떤 감정을 품습니까?

'이 사람과 마음이 맞으면 좋겠는데……'

'이 사람과 즐겁게 일할 수 있으면 좋겠는데……'

대개 이런 생각을 하지 않을까요. 물론 이런 생각도 좋습니다만, 한 가지만 명심하십시오. 상대에게 좋은 인상을 심고 싶다면 자신이 먼저 상대방에게 호감을 가져야 합니다. 상대를 좋아하게 되면 그런 감정이 말이나 행동으로 나타나게 되어 나중에는 상대도 당신에게 호의를 품게 됩니다. 이러한 이치는 거울과 같습니다. 거울을 향해 당신이 미소 지으면 거울 속의 당신도 미소를 보입니다.

그러나 억지로 좋아하자고 마음먹어 봐야 쉽게 좋아지지 않습니다. 그럴 때는 상대방의 삶을 이해하는 데서 실마리를 찾으면 좋습니다. 우선 상대의 생각을 있는 그대로 긍정해 주십시오. 의견이 다르다거나 찬성하기 어려운 부분이 있다고 해도 말입니다.

상대방의 생각을 긍정한다는 것은 상대방의 인생관이나 가치관, 관심사를 있는 그대로 인정한다는 뜻입니다. 그런 자세로 일관한다면 상대방도 당신을 대할 때 똑같은 태도로 대할 것입니다.

알기 쉬운 사례를 들어 보지요. A라는 사람이 헤비메탈에 푹 빠져 있다고 합시다. 그리고 당신은 헤비메탈에 전혀 관심이 없다고 합시다. 이럴 때 '저런 건 음악도 아냐, 소음이야'라고 부정할 게 아니라 다음과 같이 생각하는 겁니다.

'저 사람은 왜 헤비메탈을 좋아할까. 저 사람은 헤비메탈의 어떤 점이 그렇게 좋은 것일까.'

이와 같이 상대방의 입장에 서서 사물을 생각한다면 '저 사람이 헤비메탈을 듣고 기분 좋아하는 것은 그 음악이 가지고 있는 스피드나 약동감, 시원한 리듬 때문이 아닐까'라고 상대방의 마음을 보다 잘 이해하게 됩니다. 나아가 '헤비메탈로 기분을 푸는 걸 보니 저 사람은 나처럼 스트레스가 쌓이는 일만 하고 있는 모양이야. 그 기분 알 것 같아' 하고 공감할 수 있는 능력이 생기게 됩니다. 그렇게 되면 설령 당신이 헤비메탈을 좋아하지 않더라도 A씨가 헤비메탈을 듣는 것에 저항감이 많이 줄어들 것입니다.

상대방의 삶과 사고방식을 인정해 준다는 것은 바로 이런 것입니다. 자신과 다르다고 무조건 선을 긋는 건 먹어 보지도 않고 싫어하는 경우와 같은 것이죠. 위와 같이 상대방을 인정하게 되면 여태까지 싫어서 먹어 보지 않던 음식을 다른 사람 집에 가서 먹어 보고 정말 맛있다고 느낄 수도 있는 일입니다.

물론, 당신이 독자적인 삶의 방식을 관철해서 자신만의 인생관이나 가치관을 가지는 것은 매우 중요합니다. 그러나 그것 때문에 상대방의 사고방식을 부정하거나 자신의 가치관만을 고집해서는 안 됩니다. 그러면 상대는 당신에게 적대감을 가지게 될 것입니다.

또한 상대방의 삶이나 가치관을 인정하는 것은 서로의 눈높이를 대등하게 맞추고 어울리는 일입니다. 당신이 당연하다고 생각하는 일도 상대에 따라서는 그렇지 않다고 생각하는 경우가 있고, 혹은 당신이 상식이라고 생각하는 일도 상대방에게는 비상식이 될 수 있습니다. 이런 점을 인정하고 유의하면서 상대를 대해야 원만한 대인관계를 구축해 나갈 수 있습니다.

가령, 다른 사람에게 컴퓨터 다루는 방법을 가르쳐 줄 때 왜 이런 간단한 것도 모르냐고 상대를 깔봐서는 안 됩니다. 그렇지 않습니까? 당신에게는 쉬운 일일지 몰라도 상대방에게는 어려운 일일 수도 있으니까요. 마우스, 클릭, 더블클릭, 파일, 폴더라는 일상용어가 컴퓨터를 처음 다루는 사람에게는 생소한 말이라는 것을 잊어서는 안 됩니다.

당신도 처음 컴퓨터를 접했을 때 아마 이런 전문용어 때문에 곤란을 겪었을 것입니다. 당신도 매뉴얼을 보거나 다른 사람에게 가르침을 받는 과정을 거쳐 숙달되었을 것입니다. 따라서 남을 가르칠 때는 자기가 그 일을 처음 시작했을 때를 생각해야 합니다. 그러면 상대방의 처지를 이해할 수 있게 됩니다. 대등한 눈높이로 남을 대한다는 것은 바로 이런 것을 말합니다.

나는 내가 하는 일을 전혀 모르는 사람에게는 그 사람의 눈높이에 맞춰 이야기하도록 하고 있습니다. 나의 동료인 아야베 부부가 나에 대해 이런 말을 했다고 합니다.

"우리는 e비즈니스를 잘 모르는 사람에게 왜 그런 것도 모르냐고 말해 버립니다. 그러나 카오루 씨는 절대 그러지 않아요. 눈높이를 상대에게 맞춰 그 사람이 이해할 수 있는 범위 내에서 간결하고 명쾌하게 설명해요. 모든 사람의 눈높이에 맞출 수 있는 노하우라도 있는 모양입니다."

또 다른 동료는 이런 말을 했다고 합니다.

"우리들이 하는 일에는 초급자 대상과 중급자 대상의 미팅이 있는데 가끔은 양쪽 다 참가하는 미팅도 있습니다. 그럴 때마다 나는 어디에다 이야기의 포인트를 맞춰야 할지 곤경에 빠집니다만 카오루 씨는 전혀 그런 모습을 보이지 않습니다. 미팅에 참가한 모든 사람이 만족할 만한 수준으로 이야기합니다. 실로 다차원적인 사람입니다."

상대가 누가 되었건 상대의 눈높이에 맞추어 이야기함으로써 서로 소통할 수 있도록 노력해야겠습니다.

장점은 발견하면 할수록 커진다

사람들에게 호감을 얻기 위해서는 상대방의 장점이나 매력을 발굴해 그 부분을 존경하도록 노력해 보는 것도 좋은 방법입니다. 이것도 그리 어렵게 생각할 필요는 없습니다. 나에게는 없고, 그 사람에게는 있는 것에 흥미와 관심을 표시하면 됩니다.

예를 들어 상대방이 남국의 섬에서 자주 해양스포츠를 즐기고 있다면 "요즘 어디서 서핑을 즐기십니까? 지금까지 가보신 곳 중 제일 인상 깊었던 바다는 어디입니까?"라고 물어보는 겁니다. 그러면 "서핑은 대개 오아후 섬의 노스 쇼어로 정해 두었습니다. 몰디브에서는 돌고래 떼를 만났습니다. 타히티의 바다가 제일 아름다웠습니다"라는 식으로 이야기가 점점 무르익습니다. 그 과정에서 "와! 돌고래와 함께 수영했다고요? 해상별장에 묵으셨다고요? 정말 부럽습니다"라고 놀람이나 감동의 말을 표현하면 상대방은 기분이 좋아져서 당신에게 마음을 열게 될 것입니다.

상대방을 만족하게 하는 것이 중요합니다. 그것이 상대방의 장점을 인정하는 것으로 이어집니다. 다만 속 보이는 칭찬이나 아부는 절대 금물입니다. 상대방도 바보가 아닌 이상 그런 속셈은 금방 알아차립니다. 진심으로 상대방의 장점이나 매력을 인정하고 자연스럽게 놀람이나 감동의 말을 건네야 합니다. 진솔함과 자연스러움, 이 두 가지가 핵심입니다.

그런 의미에서 정말 좋고 멋지다는 생각이 들면, 보고 배우려는 자세로 이런 식으로 더 물어보는 것도 좋겠지요.

"A씨는 테니스를 너무 잘하시네요. 어떻게 하면 그런 발리를 할 수 있습니까?"

"실은 이번에 베네치아로 여행을 갑니다만 싸고 맛있는 레스토랑 좀 소개해 주시지 않을래요?"

또 한 가지 중요한 점은 누구에게나 있는 단점이 의외로 장점이 되는 경우도 있다는 것입니다. 내가 자주 드는 예입니다만, 장인은 대체로 말이 없고 까다롭고 고집도 셉니다. 그러나 그런 성격이 다른 사람이 흉내낼 수 없는 훌륭한 예술품을 만들어 낼 수 있는 원동력이 됩니다. 달변가로 말만 앞세우는 장인은 훌륭한 예술품을 만들 수 없을 것이고 인간적인 매력도 반감되겠지요. 즉 까다롭고 고집 센 성격 때문에 작품에 더욱 집중할 수 있습니다.

당신도 다음과 같은 방식으로 상대방의 단점 속에서 장점이나 인간적인 매력을 찾아보기 바랍니다.

'저 사람은 고집도 세고 제멋대로이긴 하지만 책임감이 남달라서 믿음이 가.'

'그 사람은 조금 칠칠치 못한 구석이 있긴 하지만 관점을 바꿔 보면 그만큼 마음이 넓다는 증거야. 사소한 일로 화내는 경우도 없고 언제나 마음 편하게 대할 수 있어.'

'그녀는 다소 신경질적이긴 하지만 그건 그만큼 섬세하고 꼼꼼하다는 증거야. 그렇기 때문에 일을 안심하고 맡길 수

가 있어.'

어떻습니까. 이렇게 생각하면 당신 주위에 있는 모두가 훌륭한 사람이 아닌가요?

무조건 칭찬하지 말고 진심으로 흥미를 가져라

인간관계를 테마로 한 책들을 살펴보면 한결같이 칭찬의 중요성을 강조하고 있습니다. 이 점에 관해서는 전적으로 동감이지만 다소 의아한 부분도 있습니다. 왜냐하면 구체적으로 칭찬하라, 지나치다 싶을 정도로 칭찬하라, 사람들이 보는 앞에서 칭찬하라는 식으로 기교적인 화술만을 강조하고 있기 때문입니다.

사람이란 좋은 말을 들으면 기뻐합니다. 돼지도 칭찬해주면 나무 위로 올라간다는 속담도 있습니다. 돼지가 그 정도이니 사람은 에베레스트까지 올라가지 않을까요.

그러나 자칫 잘못 칭찬하면 오히려 상대방의 마음을 해치게 된다는 것을 명심해 두어야 합니다. 화술에만 신경쓰다 보면 어딘지 모르게 부자연스러워져 '이 사람 뭔가 다른 속셈이 있는 거 아냐. 이거 아부잖아' 하고 경계심을 가질 수도 있기 때문입니다.

내가 알고 지내는 출판사 사람 중에 무례하게도 현역 작가선생님에게, "야, 과연 작가다우십니다. 문장력이 대단하시네요. 저 같으면 어림도 없어요"라고 해서 작가선생님을 화나게 한 사람이 있었습니다.

상대방이 화를 내는 것도 당연합니다. 그렇지 않습니까. 프로를 아마추어와 비교하다니 말입니다. 그런 결례가 어디 있겠습니까. 당연히 무시당했다는 생각이 들기 마련입니다. 마음에도 없는 칭찬은 백해무익합니다. 금방 들통이 나니 말입니다.

그렇게 무리해서 칭찬할 필요는 없습니다. 칭찬하고 싶을 때 칭찬하면 됩니다. 다만, 오해하지 마시기 바랍니다. 칭찬을 습관화하지 않아도 된다고 말하는 게 아닙니다. 핵심은 칭찬을 하자는 겁니다. 상대방의 좋은 점을 발견하면 그것을 말로 표현하는 습관을 기르자는 겁니다. 진심을 담아서 말이죠!

그렇습니다. 이 진심이라는 것이 포인트입니다. 마음속으로 멋지다고 생각하는 일이 있으면 정직하고 자연스럽게, 직접 말로 표현하도록 합시다. 잔머리는 굴릴 필요가 전혀 없습니다.

참고로 나는 이런 방법으로 칭찬합니다.

"야, 그 넥타이 어디 거야? 어디서 샀어?"

"당신, 테니스 교습 누구한테 받았지?"

"영어 어디서 배웠지? 유학이라도 갔다 오셨나?"

넥타이가 멋집니다라고 칭찬하는 게 아니라, 어디에서 샀느냐고 물어봄으로써 당신의 넥타이에 흥미를 느끼고 있다는 것을 표현합니다. 이런 식으로 말하면 상대는 내 넥타이가 마음에 든 모양이다, 테니스 실력을 인정해 주었다, 내 영어 실력을 높이 평가했다라고 생각할 것입니다.

이런 일을 칭찬하면 기뻐하지 않을까, 이렇게 말하면 기뻐할지도 몰라 하고 그럴듯한 말만 늘어놓으려고 해서는 안 됩니다. 다시 한 번 강조하건대, 좋고 멋지고 아름답고 기분 좋다는 생각이 들면 그런 감정을 자연스럽게 표현하는 것이 중요합니다.

칭찬하는 게 몸에 배지 않은 사람인 경우 갑자기 칭찬하려고 하지 말고 나처럼 그게 뭐지?, 어디서 샀지?, 어디서 배웠지? 하는 식으로 물어보는 습관부터 기르는 게 좋습니다. 그것만으로도 상대방은 칭찬받은 것과 똑같은 기분을 느낄 것입니다. 그것이 일(능력)이든, 가지고 있는 물건이든 질문을 받음으로써 상대방은 이 사람이 나에게 관심을 가지고 있는 모양이다, 내 물건이 마음에 들었나 보다, 내 능력을 인정하고 있다라는 감정을 갖게 됩니다.

또 뭔가를 칭찬할 때 '다시 한 번'이란 뉘앙스를 풍기기를 권하고 싶습니다. 예를 들면, 누군가에게 요리를 대접받았을 때 '이 스파게티 진짜 맛있었어'로 끝나 버리면 대화가 이어지지 않습니다. 그러나 "정말 맛있었어. 나중에 또 먹고 싶어"라고 말하면, '이 사람은 내가 만든 스파게티를 정말 좋아하는 모양이야. 만들어 준 보람이 있어'라고 생각하게 될 것입니다.

무슨 말을 하면 좋을지 금방 떠오르지 않을 때는 다음과 같이 말해 보십시오. 불필요한 설명을 하지 않아도 이것만으로도 상대방은 감격할 것입니다.

"기타 연주에 매우 감동했습니다. 다음 번 콘서트는 언제입니까?"

"지난번에 갔던 파티 너무나 재미있었어요. 또 초대해 주실 거죠?"

"오늘 나온 요리, 정말 끝내줬습니다. 다음에도 기대하겠습니다."

"오늘 골프 시합은 정말 재미있었습니다. 다음번에는 제 실력을 더 쌓고 와야겠습니다."

자, 당신이라면 누구에게 무엇을 '다시 한 번'이라고 말해 보고 싶습니까?

성의 있는 태도가 사람을 움직인다

나는 해외여행을 자주 갑니다. 어느 날 비행기에 타자마자 객실승무원 중의 한 명이 나에게 이런 말을 한 적이 있습니다.

"저는 연수생입니다. 손님들께 인사드리라는 사무장의 명을 받고 왔습니다. 오늘 탑승해 주셔서 대단히 감사합니다."

이 말을 듣는 순간, 나도 모르게 이렇게 대꾸를 해 버렸습니다.

"아가씨가 손님들에게 탑승해 줘서 진심으로 감사하다는 뜻으로 그런 말을 한다면 모르겠지만, 사무장이 시켜서 한 말이라면 그런 인사는 받고 싶지 않아요."

다른 사람이 시켜서 인사드리러 왔다니 참으로 부자연스럽습니다. 수많은 항공사 중에서 특별히 자기 회사를 이용해 줘서 진심으로 감사하다고 생각한다면 절대로 그런 식으로 말해서는 안 됩니다. 그래서 나는 그건 성의가 없다는 증거라고 말하고 싶었던 것입니다.

이와는 대조적인 예도 있습니다. 이전에 나고야에 있는 한 호텔에 묵었을 때 벨보이에게 초콜릿이 먹고 싶은데 없느냐고 물었더니, 죄송하지만 지금은 없다는 것이었습니다. 그러나 그런 다음의 행동이 달랐습니다. 지금 바로 사다드리겠다고 하더니 총알처럼 방을 빠져나가는 것이 아닙니까. 그 보이의 모습을 보고 감동해서 이런 생각을 해 보았습니다.

'매뉴얼대로 행동하는 것은 진정한 서비스가 아니다. 매뉴얼에 없는 것을 하는 것이 진정한 서비스이며, 성의의 구현이다.'

앞 장에서 사람을 칭찬할 때는 마음속에서 우러난 감정을 표현하는 것이 중요하다고 했는데, 이것은 바꾸어 말해 성의를 가지고 사람을 대하라는 것입니다. 성의가 없다면 아무리 입으로 그럴듯한 말을 해도 상대의 마음을 움직일 수 없습니다.

물론 이것은 칭찬에만 국한된 것이 아닙니다. 성의란 모든 일에 있어 중요한 요소이며 특히 사람의 마음을 움직이게 하는 가장 중요한 요소가 아닐까요.

성의를 가지고 사람을 대하려면 어떻게 해야 할까요?

무엇보다 중요한 것은 거짓말을 하지 않고 진심으로 대해야 한다는 것입니다. 반드시 가슴에 새겨 두시기 바랍니다. 사람들에게 어떤 부탁을 받았을 때 불가능한 일은 불가능하다고 분명히 말해 주는 것도 성의입니다. 그렇지 않습니까? 만일 당신이 부탁을 받아들이면 상대방은 기대감을 갖습니다. 불가능한 일을 가능하다고 말하면 상대방에게 거짓말을 한 셈으로, 결국 나중에 상대방의 기대를 저버리게 됩니다. 상대가 누구든, 때에 따라서는 No라고 분명히 말할 수 있는 용기도 필요합니다.

그 대신에 일단 의뢰를 받아들이면 가능한 한 최대한의 노력을 기울여야 합니다. 노력하는 당신의 모습을 보면 결과가 어떠하든 상대방은 감동을 받을 것입니다.

두 번째는 늘 감사의 마음을 표현하는 것입니다. 누군가에게 부탁을 할 경우 감사의 표현을 꼭 하도록 합시다. 이것은 최소한의 에티켓입니다.

그러나 의외로 이게 잘 지켜지지 않습니다. 뭔가를 부탁할 때는 허둥지둥 급하게 오는 경우가 많지만, 감사의 표현을 하기 위해 서둘러 오는 사람은 거의 없습니다. 물론 상대방도 입으로는 서둘러 오지 않아도 괜찮다고 할지 모르지만, 역시 답례의 말을 듣지 못하면 기분이 상하는 법입니다. 누군가에게 신세를 졌다면 즉시 답례의 말을 해야 합니다. 그것이 당신에게 성의가 있다는 증거입니다.

세 번째는 상대방에게 실례를 했다는 생각이 들면 그 즉시 "죄송합니다" 하고 솔직하게 사과하는 습관을 가지는 것입니다.

나는 "죄송합니다"라는 말에 대해 아무런 거부감이 없기에 코시노 준코 씨와 친해질 수 있었습니다.

내가 코시노 준코 씨를 처음 만난 것은 3년 전이었습니다. 아는 사람 소개로 그녀의 가게를 찾아가게 됐는데, 그때 난 그녀에게 아주 무리한 부탁을 했습니다. 다음 주에 윔블던으로 테니스 시합을 관전하러 갈 계획인데, 테니스를 관전할 때 입을 수 있도록 흰색 양복을 만들어 달라고 한 것입니다. 그러나 시간이 너무 촉박해서 그녀는 급히 모델용으로 비치해 둔 옷을 내 사이즈에 맞게 수선해 주었습니다.

  그런데 이 일은 유감스런 결과로 끝나고 말았습니다. 현지에 도착에서 양복을 입으려 했더니 그 사이에 살이 쪄 버렸는지 바지 사이즈가 맞지 않아 결국은 입지 못했던 것입니다. 그 후 나는 준코 씨에 대한 미안한 마음을 가지고 귀국해서 그녀에게 정중하게 사과했습니다. "죄송합니다. 양복 사이즈가 맞지 않아 결국은 입지 못했습니다" 하고 말입니다. 이 사건을 계기로 그녀와 친한 사이가 되었습니다. 솔직하게 단도직입적으로 죄송하다는 마음을 표현한 나에게 그녀가 호감을 가진 것이지요. 보통 사람들이라면 그런 일로 사과하지는 않을 텐데, 저 사람은 다르다고 생각했던 것 같습니다.

  나에게는 지극히 당연한 일이었지만 준코 씨는 그렇게 생각하지 않았던 것입니다. 이것은 그녀가 솔직하게 행동하는 것을 매우 소중하게 여기고 있다는 증거입니다. 그러기에 그녀는 세계적인 디자이너로 눈코 뜰 새 없이 바쁜 생활 가운데서도 늘 자연스럽고 열린, 그야말로 인간미 넘치는 사람이 될 수 있었던 것입니다.

　당신도 미안한 일을 했다는 느낌이 들었을 때는 곧바로 사과하는 습관을 가지십시오. 이것은 성의의 문제입니다. 그렇게 하느냐 하지 않느냐에 따라 상대방과의 거리가 매우 달라질 것입니다.

　마지막으로, 약속을 지킬 것. 이것도 성의와 관련이 있습니다. 당연한 일이지만 시간을 지키지 않거나 자신이 한 말에 책임을 지지 못한다면 신용을 얻을 수가 없습니다. 따라서 몇 시에 가겠다든가, 어떻게 하겠다고 한 말에 대해서는 반드시 지키도록 합시다. 약속을 지킴으로써 신뢰가 생겨나고 그로 인해 인간관계가 긴밀해지는 것입니다.

긍정적인 답변이 의욕을 일으킨다

　이런 질문을 해 보겠습니다. 회사에서 윗사람에게 오늘 중으로 서류를 작성해 놓으라는 명령을 받았다고 합시다. 그러나 오늘은 다른 일로 바빠서 서류를 작성하는 일은 불가능하고 천상 내일 아침 일찍 출근해 서류를 작성할 수밖에 없습니다. 이런 때 당신은 윗사람에게 뭐라고 대답하겠습니까?

이 이야기에 대해서는 조금 후에 하기로 하고, 예전에 내가 카페에서 감동을 받았던 이야기부터 해 보겠습니다. 어떤 카페에 갔을 때의 일입니다. 웨이터에게 "미안하지만 메뉴판 좀 갖다 주세요"라고 했더니, "알겠습니다. 지금 바로 갖다 드리겠습니다"라고 하는 것입니다.

보통 이럴 때는 "네, 잠깐만 기다려 주세요"라고 대답할 것입니다. 그러나 이 말은 지금은 바쁘니까 조금 기다려 달라는 뉘앙스가 강하여, 메뉴판을 가져오는 데 다소 시간이 걸릴 것 같은 느낌을 줍니다. 그러나 그 웨이터처럼 당장 가지고 오겠다고 하면 어떤 성의를 느낄 수 있지 않겠습니까? 설령 시간이 걸리더라도 말입니다. 손님을 정중하게 모시는구나라는 생각이 들 것입니다. 어떻습니까?

사람과 대화를 할 때는 상대방이 들어서 기분 좋은 말을 많이 해야 합니다. 그러기 위해서는 가능한 한 긍정적인 표현을 몸에 익혀서 상대에게 기대감이나 희망을 갖게 하는 것이 중요합니다.

자, 아까의 질문으로 돌아가 봅시다. 윗사람에게 오늘 중으로 서류를 작성해 놓으라는 명령을 받았지만 바빠서 서류를 작성할 시간이 없을 때는 다음과 같이 대답하면 어떨까요.

"내일 아침까지 작성해 놓겠습니다. 그때까지 시간을 좀 주시면 좋겠습니다."

어떻습니까? 말하고자 하는 내용은 똑같아도 말의 표현방식을 긍정적으로 하는 것만으로도 상대방에게 주는 인상은 크게 달라질 것입니다. 오늘 중으로는 할 수 없다는 것을 강조하지 말고 언제까지라면 할 수 있다는 가능성을 강조하는 것입니다.

나도 사람들에게 면담을 요청받으면 지금은 바빠서 만날 수 없다고는 하지 않습니다. 지금은 안 되지만 곧 시간을 낼 수 있으니 그때까지 기다려 줬으면 좋겠다고 합니다. 지금은 만날 수 없다는 부정적인 말 대신에, 언제언제라면 만날 수 있다고 긍정적으로 말하는 것이 상대방에게 희망도 주고 기쁘게 해 주는 일일 것입니다.

누구에게나 들어서 유쾌한 기분이 드는 말을 하도록 유의하고 자신이 들어 불쾌한 말은 상대에게도 하지 않도록 해야 합니다. 이런 습관을 몸에 지니면 당신도 어느 때 어떤 자리에서나 늘 긍정적인 말을 할 수 있을 것입니다.

그러나 인간인 이상 부정적인 말을 할 수밖에 없는 상황에 처할 때도 있습니다. 그럴 때도 요령이 있습니다. 예를 들면 누군가에게 주의를 줄 수밖에 없을 때, 덮어놓고 "이건 안 돼!"라는 식으로 말을 해서는 곤란합니다. 그렇게 말해 버리면 상대방의 의욕을 꺾을 뿐만 아니라 반발심을 불러일으키기 쉽습니다. 직장에서는 더욱 그렇습니다. 부하직원의 사기만 떨어뜨리게 될 것입니다.

그렇다면 어떻게 하면 좋을까요? 나라면 이런 식으로 말하겠습니다.

"고마워. 아주 잘됐는데 딱 한 군데, 이 부분은 이렇게 하면 더 좋지 않을까?"

어떻습니까? 똑같이 결점을 지적하는 것이지만 우선 좋은 점을 칭찬하고, 나쁜 점은 슬쩍 건드려 주면 상대방도 불쾌한 감정을 갖지는 않을 것이고, 하고자 하는 의욕도 일어날 것입니다.

아직도 잘 이해가 안 간다면 상대방의 입장에서 생각해 보시면 됩니다. 당신이 고생해서 서류를 작성했습니다. 그런데도 윗사람에게 형편없다는 질책을 받았다고 합시다. 그러면 어떤 생각이 들까요. 풀이 죽어서 자신이 어디를 어떻게 잘못했는지 고민하게 될 것입니다. 그리고 열심히 일한 것에 대해 조금도 평가해 주지 않는 윗사람에게 불만을 가질지도 모릅니다.

"고마워, 아주 잘됐는데 이 부분은 이렇게 하면 더 낫지 않을까"라는 말을 듣는다면 어디가 문제인지, 어떻게 고치면 되는지를 분명히 알 수 있고 잘한 부분은 인정받았으니 풀이 죽을 필요도, 고민할 필요도 없다고 스스로 희망을 가질 것입니다. 그래서 더욱 열심히 해야겠다고 의욕을 불태울 것입니다.

상대방에게 '꼭 필요한 사람'이 되라

이솝 우화 중에 '북풍과 태양'이라는 다음과 같은 내용의 이야기가 있습니다.

어느 날 북풍이 태양에게 말했습니다.

"나는 이 세상에서 힘이 제일 세. 어떤 것도 다 날려 버릴 수가 있거든. 그래서 인간도 동물도 다 나를 무서워하는 거라구."

이렇게 자랑하는 북풍에게 태양이 이런 제안을 했습니다.

"그렇다면 너랑 나랑 누구의 힘이 더 센지 내기할래? 저기 오는 남자의 망토를 벗긴 쪽이 이기는 것으로 하면 어때?"

태양의 제안을 받아들인 북풍은 강한 바람을 일으켜 남자의 망토를 날려 버리려고 했습니다. 그런데 남자는 "아이고 추워" 하고 망토를 두 손으로 꼭 쥐고 몸을 웅크리는 게 아닙니까. 북풍은 더욱 강한 바람을 일으켰으나 결국 남자의 몸에서 망토를 벗겨 내지 못하고 말았습니다.

태양 차례가 되었습니다. 태양은 조금씩 조금씩 남자에게

햇볕을 쪼이기 시작했습니다. 그러자 남자의 얼었던 몸이 따뜻해지고 나중에는 땀까지 흘리기 시작했습니다. 결국 남자는 더위를 참지 못하고 입고 있던 망토를 벗어던졌습니다.

이렇게 해서 누구의 힘이 더 센지에 대해 내기했던 이 승부는 태양의 승리로 끝났습니다.

보통 이 이야기는 '억지로 강요하는 것보다는 잘 타이르는 게 효과가 있다'는 교훈으로 받아들여지는데, 이런 해석도 가능하지 않을까요?

'상대의 응원과 협력을 받으려 하지 말고, 상대로 하여금 당신을 위해 응원하고 협력하고 싶어하는 마음이 일어나게 만들자.'

'상대의 마음을 억지로 움직이려 하지 말고, 스스로 당신을 위해 움직여야겠다는 기분이 들도록 해야 한다.'

태양이 남자의 망토를 벗기려 하지 않고 제 손으로 벗고 싶은 마음이 들게 한 것처럼, 당신도 인간관계에서 그런 시도를 해 보아야 할 것입니다. 그러려면 태양이 생물에게 절대적으로 필요한 존재이듯이 당신도 남에게 꼭 필요한 존재라는 것을 인식시켜야만 합니다. 그래서 자신의 인간성을 고양시킬 필요가 있는 것입니다.

일상생활 속에서 어떤 점을 중요시하면 될까요? 제 경험에 비추어 볼 때 세 가지 포인트가 있습니다.

첫 번째는, 상대방에게 도움을 주고 기쁨을 주어야겠다는 자세를 가져야 합니다. 그리고 거기에 대한 보답은 바라지 말아야 합니다.

두 번째는, 다른 사람을 움직이고 싶으면 우선 자신부터 움직여야 한다는 것입니다. 말만으로 다른 사람을 움직이는 것은 무척 힘듭니다. 설령 움직여 준다 해도 100% 만족할 만한 결과는 나오지 않습니다. 그러므로 남을 움직일 수 있도록 사전에 여러 가지 준비를 갖추고, 움직여 줄 만한 토대를 만들고, 때에 따라서는 자신이 직접 시범을 보이는 노력을 해야 합니다.

그래야만 비로소 다른 사람도 도와줘야겠다는 마음을 갖게 됩니다. 당신이 누군가의 도움을 필요로 하고 있다면, 우선 다른 사람을 도와주는 데서부터 시작해야 합니다. 그렇습니다. 이것도 앞 장 끝부분에서 언급한 내용과 관련이 있습니다.

세 번째는, 자신의 세계를 넓혀 가는 일입니다. 많은 것을 보고, 듣고, 체험하고 배워야 합니다. 그것은 지식이나 정보를 얻기 위해서만은 아닙니다. 그런 체험을 통해 다른 사람의 마음을 깊이 이해하고, 그 아픔을 느끼고, 배려하는 마음을 가질 수 있습니다.

늘 상대방의 입장에 서서 생각하는 사람이 되는 것입니다. 그러면 주위 사람들은 저절로 당신을 좋아하게 될 것이고, 그들의 도움으로 당신의 인생은 보다 나은 방향으로 흘러가게 될 것입니다.

이제부터 당신도 잘 나갈 때 협력해 주는 사람, 어려울 때 도움의 손길을 뻗쳐 주는 사람, 정보를 제공해 주는 사람, 기회를 가져다 주는 사람, 용기를 북돋아 주는 사람, 그리고 꿈을 실천하는 것을 도와주는 사람을 한 사람이라도 더 많이 만들어 나가십시오.

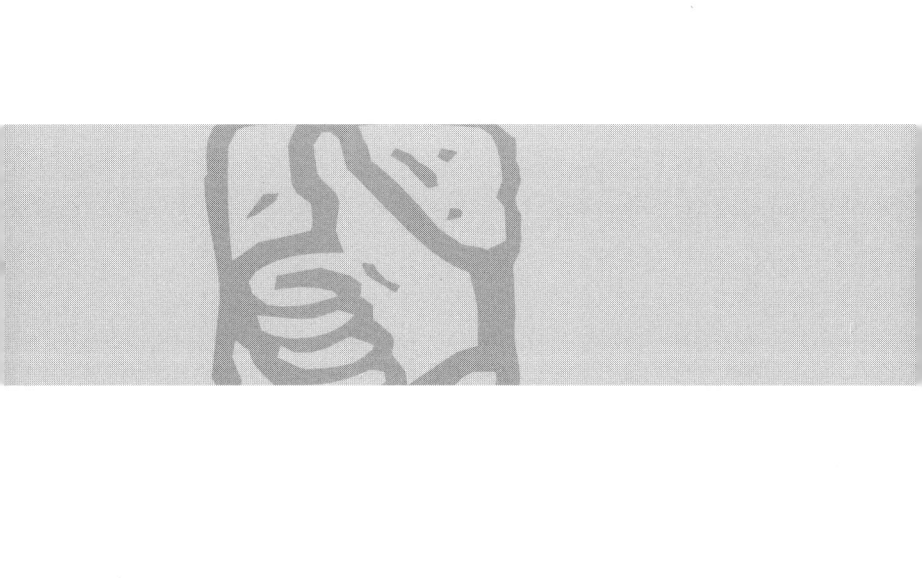

4장

'꿈'과의 만남

꿈은 늘 그곳에 있습니다.
당신이 하고 싶고, 되고 싶어하는 그 순간부터
늘 변하지 않는 모습으로 그곳에 있습니다.
결코 꿈은 당신을 배신하거나 버리지 않습니다.
그럼에도 불구하고 꿈이 이루어지지 않는 것은,
당신이 꿈을 향해 적극적으로 다가가지 않기 때문입니다.
'그렇게 되면 얼마나 좋을까'라는 생각만 할 뿐,
그렇게 되기 위해 무엇을 어떻게 해야 하는지를
생각하고 실천하지 않기 때문입니다.

 '꿈' 과의 만남

꿈은 모든 것을 실현시키는 힘이다!

먼저 당신의 꿈을 찾아라

당신에게는 어떤 꿈이 있습니까?

이런 질문을 받았을 때 당신은 뭐라고 대답할까요? 금방 내 꿈은 이러저러한 것이라고 대답하는 사람이 있는가 하면, 너무 갑작스러워서 뭐라고 해야 할지 모르겠다고 우물쭈물하는 사람도 있을 테지요.

후자에 해당하는 분을 위하여 힌트를 하나 드리지요. 아래에 몇 개의 체크 리스트가 있습니다. 당신의 꿈에 해당하는 항목이 있나 없나 체크해 보시기 바랍니다.

· 내 회사를 세워 성공을 거두고 싶다.

· 베스트셀러 작가가 되고 싶다.

· 원하는 회사(대학)에 들어가고 싶다.

· 강남에 있는 고급 아파트에 살고 싶다.

· 스위스에 별장을 갖고 싶다.

· 크루즈(유람선)로 지중해를 여행하고 싶다.

· 최고급 스포츠카(외제차)를 갖고 싶다.

· 가격에 신경 쓰지 않고 쇼핑을 하고 싶다.

· 특급 호텔의 스위트룸에 묵고 싶다.

· 최고급 레스토랑에서 식사를 하고 싶다.

· 이상적인 남성(여성)과 결혼하고 싶다.

· 나이가 들어 캐나다의 호반에서 살고 싶다.

자, 어떻습니까? 위 항목 중 최소한 한두 가지는 자신의 꿈과 맞아떨어지지 않을까요? 리스트를 읽으면서 잊어버리고 있던 어린 시절의 꿈을 되새겨 보는 사람도 있을 것입니다. 개중에는 자신에게 해당되는 항목이 하나도 없고, 아직 내 꿈이 뭔지 알 수 없다고 말하는 사람도 있을 테고 혹은 해당되는 항목이 몇 가지나 되지만 하나도 이루지 못했다고 말하는 사람도 있겠지요.

그렇다면 꿈이 보이지 않는 사람은 어떻게 하면 꿈을 가질 수 있을까요. 힌트는 의외로 간단한 곳에 있습니다. 자세히 들여다보면 꿈이란 늘 '뭔가를 하고 싶다' 와 '뭔가를 갖고 싶다' 로 집약된다는 것을 알 수 있습니다.

의지가 있는 곳에 꿈이 있다

우선 '내 꿈이 뭔지 모르겠다' 는 사람의 경우부터 살펴보겠습니다.

무엇보다 먼저 그런 사람에게는 꿈이란 것을 너무 거창하게 생각하지 말라는 말을 해 주고 싶습니다. 자신의 꿈이 뭔지 모르겠고 꿈이 보이지 않는다는 사람은 대부분 '이런 불경기에 꿈을 생각할 여유가 어디 있어. 현실은 냉혹한 거야', '얼마 전에 실연한 내가 꿈이 있을 턱이 없잖아', '하루하루가 피곤해' 라는 식으로 말하기 때문입니다.

꿈이란 인간이라면 누구나 품는 자연스러운 욕구입니다. 마차보다 빨리 달릴 수 있으면 좋겠다는 욕구가 자동차를 만들어 냈고, 시간도 없고 배도 고플 때 간단히 빨리 먹을 수 있는 음식이 있으면 좋겠다는 욕구가 인스턴트식품을 만들어 냈습니다.

즉 지금은 할 수 없지만 언젠가는 해 보고 싶다는 생각, 이렇게 되면 얼마나 좋을까 하는 생각을 하면서도 현실적인 여건 때문에 꾹 참고 있는 일이 꿈인 것입니다.

예를 들어 불고기를 먹고 싶지만 돈이 없어서 참고 있다면, 불고기를 배불리 먹는 것이 꿈입니다. 온천에 가고 싶지만 시간이 없어 가까운 목욕탕에 가서 몸을 담그는 걸로 만족해야 합니다. 그런 사람에게는 온천에 가서 느긋하게 몸을 담가 보는 것이 꿈입니다. 그런 꿈이라도 좋습니다.

· 교외에 살고 있기 때문에 출퇴근 시간이 많이 걸린다.

➡ 도심지의 고급 아파트로 이사를 간다.

· 회전 초밥밖에 먹을 수 없는 형편이다.

➡ 고급 일식집에서 도로(참치의 기름기 많은 부위)를 배불리 먹어 본다.

· 중고차밖에 탈 수 없다.

➡ 최신 네비게이터를 탑재한 새 차를 구입한다.

· 해외여행은 항상 싸구려 패키지로 간다.

➡ 일등석을 이용한다.

· 물건 살 때는 가격을 먼저 보고 결정한다.

➡ 가격에 구애받지 않고 쇼핑을 한다.

어떻습니까? 꿈을 찾는 일은 이렇게 간단합니다. 거창하게 생각하지 마십시오. 아주 거대한 꿈을 꿀 필요는 없습니다. 가까운 곳에서 꿈을 찾으십시오. '빈의 숲 속에 있는 성에서 살고 싶다', '우주여행을 하고 싶다'와 같이 현시점에서 실현 가능성도 없는 꿈은 아무 소용이 없습니다. 지금 자신이 가지고 있는 욕구에 충실하면 됩니다.

사람이란 애당초 불가능한 일은 잘 생각하지도 않습니다.

그러므로 당신이 하고 싶다고 생각한 일은 이루어질 수 있습니다. 파리로 여행을 가고 싶다고 생각하면 진짜 갈 수도 있고 변호사가 되고 싶다고 생각하면 진짜로 될 가능성이 있습니다.

그럼에도 불구하고 파리에도 갈 수 없고 변호사가 될 수도 없다고 된다면, 당신은 그 일을 진심으로 바라고 있지 않거나 그 일을 하고 싶지 않기 때문입니다. 마음속으로는 벌써 포기하고 있거나, 아무런 노력도 하지 않으면서 그렇게 하지 않는 자신을 정당화하기 위해 불가능하다고 말하는 것입니다. 그리고 나중에는 바쁘니까, 돈이 없으니까라며 적당히 핑계를 대는 것입니다.

자신의 욕구에 솔직하게 따른다고 해도 막연하게 동경하기만 하는 꿈은 바람직하지 않습니다. 그렇게 바라던 일이었는데 '현실은 냉혹했다, 생각보다 즐겁지 않았다'는 경우가 많기 때문입니다. 예를 들어 브로드웨이의 스타가 되고 싶은 사람이 뉴욕의 브로드웨이 뮤지컬을 한 번도 보지 않았다면 한번 생각해 볼 일입니다. 무엇보다 먼저 자신의 눈으로 직접 확인해야 합니다. 그 현장에서 더욱더 브로드웨이의 뮤지컬에 빨려 들어 '반드시 되고 말거야'라는 결의가 한층 더 굳어진다면 더할 나위 없지만, 자신이 생각하던 이미지와 다르다면 빨리 방향을 바꾸는 것이 좋습니다.

시골 생활도 마찬가지입니다. '어디어디로 가서 살자', '가능하면 통나무집에서 살자', '낚시 삼매경에 빠져 살아 보자'라고 하기 전에 실제로 시골 생활을 체험해 봐야 합니다. 그러면 시골 생활이 적성에 맞는지 안 맞는지를 확실히 알 수 있습니다. 직접 체험해 보지 않으면, 나중에 후회하게 됩니다. 시골에 자리를 잡고 나서 도시 생활이 좋았다고 후회한들 소용이 없습니다.

꿈을 가질 때는 왜 그런 꿈을 가지게 되었는지 그 동기를 명확하게 알아야 합니다. 그것이 과연 자신의 삶에 보람을 가져다 줄 것인지, 그 일을 하면 기분이 좋은지, 자신의 개성과 재능을 충분히 발휘할 수 있는지를 냉철하게 짚어 보아야 하는 것입니다.

진심으로 원할 때 꿈은 이루어진다

다음으로, '꿈은 있었지만 결국 이루지 못했다'는 사람의 경우를 살펴볼까요.

그런 사람에게 우선 이런 말을 하고 싶군요. 과연 당신은 그 꿈을 진심으로 원했느냐고 말입니다.

먼저 나의 실패담을 들려 드리겠습니다.

작곡가가 되기 위해 도쿄로 온 지 얼마 되지 않았을 때의 일입니다. 나는 프로덕션의 권유로 어떤 라디오 프로그램의 오디션을 받은 적이 있었습니다. 서양음악의 베스트10을 소개하는 프로였는데, 음악에 관해 여러 가지 경험을 쌓을 수 있을 것 같아 도전해 보았습니다.

간단한 시험을 몇 번 쳤는데 그 중에 유리로 된 튜브 속에 들어가 3분간 자신이 제일 좋아하는 서양음악 앨범을 소개하는 코너가 있었습니다. 대본도 없는 갑작스런 시험이라, 함께 오디션에 도전한 라이벌들은 곤혹스러워했지만 나는 과감하게 내가 제일 좋아하는 앨범을 술술 소개하여 별 어려움 없이 통과했습니다.

여기까지는 아마도 내가 선두 주자였을 겁니다. 그러나 그 후의 면접에서 나는 생각지도 못한 함정에 빠지고 말았습니다. '당신은 꼭 이 프로가 아니면 안 될 이유가 있습니까?' 라는 면접관의 질문에 이렇게 대답하고 만 것입니다.

"아닙니다. 음악 프로라면 아무거나 괜찮습니다."

이 말 한마디 때문에 결국 나는 오디션에서 떨어지고 말았습니다. 프로그램의 제작자 입장에서 생각해 보면 그 이유는 간단합니다. 말은 잘했지만, 내 대답에는 서양음악에 대한 열정이 부족했습니다. 그런 사람보다는 설령 지금은 미숙하다 해도 서양음악에 대한 열정으로 가득 찬 사람을 DJ로 발탁하는 것이 당연한 일입니다. 실제로 난 프로덕션의 권유로 그냥 한번 참가해 봤을 뿐, 꼭 해 보고 싶다는 생각은 없었습니다. DJ가 되든 안 되든 아무래도 상관없다고 생각하고 있었기 때문에 그런 대답을 했던 것이지요. 만일 진정으로 DJ가 되고 싶었다면 '무슨 일이 있어도, 이 프로의 DJ를 하고 싶습니다' 라고 대답했을 것입니다.

내가 무슨 말을 하고 싶어 하는지 아셨을 겁니다. 그렇습니다. 모든 것은 하고자 하는 의욕과 열정에 달려 있습니다.

꿈이 이루어지지 않는다고 한탄하는 사람은 이런 진리를 무시하고 조건이 나쁘니까, 나에게는 핸디캡이 있으니까라는 변명을 늘어놓으며 다른 것을 탓하기만 합니다. 나는 큰 소리로 외치고 싶습니다.

"꿈은 당신을 배신하지 않아요. 당신이 꿈을 배신할 뿐이에요."

꿈은 늘 그곳에 있습니다. 당신이 하고 싶고, 되고 싶어하는 그 순간부터 늘 변하지 않는 모습으로 그곳에 있습니다. 결코 꿈은 당신을 배신하거나 버리지 않습니다. 그럼에도 불구하고 꿈이 이루어지지 않는 것은, 당신이 꿈을 향해 적극적으로 다가가지 않기 때문입니다. '그렇게 되면 얼마나 좋을까' 라는 생각만 할 뿐, 그렇게 되기 위해 무엇을 어떻게 해야 하는지를 생각하고 실천하지 않기 때문입니다.

그러면 왜 그런 생각을 못할까요? 무슨 일이 있어도 꿈을 이루고야 말겠다는 진지함이 없기 때문입니다. 당신에게 꿈을 이루려는 열정이 없는 한 꿈은 결코 이루어지지 않습니다.

그렇다면 어디를 어떻게 고치면 좋을까요. 방법은 아주 간단합니다. 내가 열정을 쏟을 수 있는 꿈을 발견해서 반드시 이루고야 말겠다고 결의하면 됩니다.

꿈을 발견하고 결의를 다진다면, 온몸에서 열정이 솟구쳐 올라 꿈을 이루기 위해서 무엇을 어떻게 해야 하는지 열심히 생각하고 또 생각하게 될 것입니다. 그런 자신의 모습을 떠올리는 것만으로도 기분이 좋아지고 가슴이 두근거릴 것입니다. 승부는 벌써 끝난 것이나 다름없습니다. 아무리 막연하고 막막한 꿈일지라도, 거기에 이르는 길이 저절로 열리게 됩니다.

중요한 부분이기 때문에 다시 한 번 말씀드리겠습니다.

그렇게 되면 얼마나 좋을까라는 막연한 생각만으로는 꿈은 절대로 이루어지지 않습니다. 반드시 이루고야 말겠다는 열정에 가득 찬 의지를 가져야 합니다. 그때서야 비로소 당신은 꿈을 향하여 힘찬 발걸음을 내딛게 될 것입니다.

꿈을 이루기 위한 다섯 가지 약속

막연한 생각만으로는 꿈은 이루어지지 않는다, 반드시 이루고야 말겠다는 열정과 의지가 중요하다고 앞에서 말했습니다.

그러나 그것은 꿈을 이루기 위한 필요조건이지 충분조건은 아닙니다. 열정만 있으면 꿈은 반드시 이루어진다는 의미라기보다는, 열정이 없으면 꿈을 이룰 수 없다는 의미입니다.

그 밖에도 꿈을 이루기 위한 조건이 있습니다. 그 이야기를 하기 전에, 최근에 내가 이룬 작은 꿈에 관련된 에피소드를 소개하고자 합니다.

나는 매년 생일에 많은 친구들을 초대하여 성대한 파티를 엽니다. 어떤 때는 홍콩에서 크루즈를 빌려 파티를 열기도 하고, 어떤 때는 LA에 있는 유니버설 스튜디오 전체를 빌리기도 합니다. 올해는 호텔의 공연장 하나를 빌려 친구들과 떠들썩하게 보내고, 밤의 파티에서는 전 미미클럽의 보컬리

스트였던 이시이 씨를 게스트로 초대하기로 했습니다. 그전에 여러 가지 의논할 일도 있고 해서 이시이 씨를 우리 집으로 불렀는데, 그가 돌아간 직후에 갑자기 이런 생각이 들었습니다. 내가 작곡한 〈굿바이 모닝〉을 그가 부르면 굉장한 연출이 되지 않을까 말입니다. 그래서 나는 이시이 씨에게 이메일을 보내 부탁을 드렸습니다. 그러나 밴드 리허설을 할 시간이 충분하지 못하므로 이번에는 힘들 것 같다는 대답이 왔습니다.

 이시이 씨의 사정은 충분히 이해가 갑니다. 파티까지 사흘밖에 안 남았으니까요. 그러나 나는 포기하지 않고, 밴드 연주는 안 해도 좋으니까 콧노래라도 해 주십사는 부탁의 메일을 보냈습니다. 그 후 이시이 씨에게서는 아무런 대답이 없었기 때문에 역시 무리였나 보다 생각하며 생일을 맞이했습니다. 그런데 그날 이시이 씨에게 인사를 하려고 악실 문 앞까지 갔을 때 〈굿바이 모닝〉이 들려오는 것이 아니겠습니까. CD에서 음악이 흐르고 있고 중간 중간에 이시이 씨가 부르는 노랫소리가 들려왔습니다.

그 순간 나는 깨달았습니다. 이시이 씨는 나를 깜짝 놀라게 해 주려고 비밀리에 연습을 해 온 것입니다. 연습한 시간이 짧았고, 작곡가 본인이 앞에 있는 터라 긴장했던 이시이 씨는 노래하는 도중에 몇 번이나 실수도 하고 고쳐 부르곤 했습니다. 그러나 나는 오히려 감격했습니다. 그렇게 유명한 이시이 씨가 내 곡을 열심히 불러 준 것은 물론이고, 무엇보다 나를 놀라게 해 주려는 그 마음 씀씀이에 감동했던 것입니다.

바로 이 이야기 속에 꿈을 실현하기 위한 조건이 모두 들어 있습니다.

구체적으로 말하자면, 첫째 〈굿바이 모닝〉을 이시이 씨가 부른다면 얼마나 멋질까 하고 생각한 일입니다. 그가 노래했을 때의 광경을 머릿속에 그리면서 멋질 거라는 확신을 가졌습니다. 그런 상상이 바로 첫 번째 포인트입니다.

둘째는 이시이 씨가 〈굿바이 모닝〉을 불러 주리라고 믿은 일입니다. 다른 사람이었다면 '이런 무리한 부탁을 해도 될까? 부탁해 봐야 불러주지 않을 텐데' 하고 생각했을지도 모릅니다. 그러나 나는 그러지 않았습니다. 부탁하면 이시이 씨가 반드시 불러 줄 거라고 확신했던 것입니다. 즉 미래를 믿었습니다.

다음으로, 생각한 즉시 이시이 씨에게 메일을 보낸 일입니다. 꿈의 실현을 위해 바로 행동한 것입니다. 이것이 세 번째 포인트입니다.

그러나 이시이 씨에게 NO라는 답신이 왔습니다. 하지만 나는 실망하지 않고 밴드 연주는 안 해도 좋으니 콧노래라도 불러 달라고 다시 메일을 보냈습니다. 포기하지 않았던 것입니다. 이것이 네 번째 포인트입니다.

마지막으로, 사람과의 만남이 다섯 번째 포인트입니다. 이시이 씨와는 방송국 사람을 통해 알게 되었습니다. 따라서 만일 그 사람한테 내 생일파티 계획을 이야기하지 않았더라면, 이시이 씨와의 만남도 없었을 것입니다.

이상으로 말씀드린 사항을 다음의 다섯 가지 포인트로 정리할 수 있습니다.

1. 상상한다

　인간은 다른 동물이 갖추지 못한 여러 가지 능력을 가지고 있습니다. 판단력, 결단력, 집중력, 선견지명 등 여러 능력 중에서 가장 놀라운 능력은 상상력입니다.

　아까도 말씀드렸듯이 마차보다 빨리 달릴 수 있으면 좋겠다, 배고플 때 빨리 먹을 수 있으면 좋겠다라는 욕구와 상상력이 자동차와 인스턴트식품을 만들었습니다. 즉 상상력이 문명을 만들어 낸 것입니다. 상상력을 발휘하면 우리는 언제 어디서라도 가고 싶은 곳에 곧바로 갈 수 있습니다. 파리의 개선문에 가려면 비행기를 12시간 정도 타야 합니다. 그러나 상상으로는 1초도 걸리지 않습니다. 그렇습니다. 우주왕복선을 타고 태양계를 벗어나 미지의 행성에 가는 일도 가능합니다.

　그뿐만이 아닙니다. 상상력은 타임머신과 같은 역할도 해 줍니다. 과거로 갈 수도 있고 5년, 10년 후의 미래로도 갈 수 있습니다. 놀라운 것은, 과거는 바꿀 수 없지만 미래는 자신의 의지로 얼마든지 바꿀 수 있다는 것입니다. 진심으로 그렇게 되리라 굳게 믿으면 인생은 진짜로 그 방향으로 나가게 됩니다.

그렇다면 그 원리를 활용해야겠지요. 당신이 이상으로 생각하고 있는 미래상이나 꿈이 실현되어 환희에 차 있는 장면을 머릿속에 그려 보면 어떨까요. 그렇게 바라고 바라던 내 집에서 정원 손질을 하는 장면. 초현대적인 건물에서 매킨토시를 조작하면서 일류 디자이너로 활약하고 있는 장면. 변호사가 되어 의뢰인에게 조언을 하는 장면.

그런 상상을 하면 가슴이 두근거립니다. 그런 감정이 일어난다는 것은 그 꿈이 진짜이고 실현 가능성이 높다는 증거입니다. 당신이 마음 깊은 곳에서 진실로 바라고 있으며, 열정을 쏟아 부을 수 있다는 증거인 것입니다. 반대로 그런 감정이 일어나지 않는다면, 그 꿈을 진심으로 원하고 있는지 다시 한번 점검해 볼 필요가 있습니다.

이제부터 자신이 원하는 일들은 머릿속에서 먼저 그림을 그려 보세요.

2. 미래를 믿는다

자신의 이상적인 미래상을 머릿속에 그렸다면 다음에는 반드시 그렇게 된다고 믿어야 합니다. 그것도 마음속 깊이. 그러나 이런 원칙을 잘 알면서도 현실적인 어려움에 처하면 우리는 자신도 모르게 이렇게 생각하게 됩니다.

'꿈이 진짜로 실현될까. 현실은 냉정한데.'

'역시 내게는 무리야.'

그러나 그것은 자신의 가능성을 스스로 부정하고 다른 탓으로 돌리려는 나약한 정신의 산물입니다. 기회는 누구한테나 찾아옵니다. 문제는 그것을 어떻게 잡느냐 하는 것입니다. 또 현실적인 어려움도 그 사람의 수준에 맞는 것만 찾아옵니다. 그러므로 언젠가는 극복할 수 있습니다. 아무리 어려워도 좋고, 문제가 계속해서 생겨도 상관없다, 꿈은 반드시 이루어진다라고 믿어야 합니다. 그 믿음을 끝까지 지켜야 합니다.

중국의 옛날이야기 중에 이런 게 있습니다.

어떤 마을에 가뭄이 몇 개월간 계속되었습니다. 마을 사람들이 근심에 싸여 있는데, 때마침 도사 한 사람이 그 마을을 지나게 되었습니다. 마을 사람들은 지푸라기라도 잡는 심정으로 그 도사에게 제발 당신의 신통력으로 부처님께 부탁해서 비를 내리게 해 주십사 하고 부탁했더니 이렇게 말하는 것입니다.

"나 혼자 힘으로 비를 내리게 할 수는 없습니다. 마을 사람 모두의 협력이 필요합니다."

"비만 내린다면 저희들은 무슨 일이든 하겠습니다."

"그러면 모두 함께 빌어 봅시다. 단, 믿는 마음이 없으면 빌어도 효과가 없습니다."

"알겠습니다. 비가 내릴 거라고 진심으로 믿겠습니다."

그 다음 날, 마을 사람들의 모습을 보자마자 도사는 이렇게 말했습니다.

"역시 안 되겠습니다. 아무리 빌어 봐야 비는 내리지 않을 겁니다."

그 말을 들은 마을 사람들이, 그 이유를 물으니 도사는 이렇게 대답했습니다.

"당신들이 진심으로 비가 내릴 거라고 믿었다면, 모두 우산을 가지고 나왔어야지요. 그러나 저기 있는 열 살짜리 소녀를 제외하고 우산을 가지고 나온 사람은 하나도 없습니다. 당신들이 비가 내릴 것을 진심으로 믿고 있지 않다는 증거입니다."

그 다음 부분을 듣지 않아도 내가 무슨 말을 하려는지 아셨을 겁니다.

그렇습니다. 꿈은 이루어진다는 것을 진심으로 믿는다면 이 이야기에 등장하는 열 살짜리 소녀와 같은 마음을 가지게 될 것입니다. 정말로 믿으면 그렇게 됩니다.

나는 일단 꿈을 가지게 되면 그것을 하나의 '예정'이라고 생각합니다. 다음 주 화요일 비즈니스 관계로 A씨를 만나야 한다, 다음 달 오사카에 출장을 가야 한다라는 계획과 똑같습니다. 꿈은 당연히 이루어지게 되어 있습니다.

그런 기분은 상대방한테도 전달되는 모양입니다. 최근에 비즈니스 동료인 야스즈모 군이 나에 대해 이런 말을 했다고 합니다.

"카오루 씨는 뭔가를 이루고자 할 때는 반드시 그렇게 된다고 믿어 버립니다. 고정관념이나 상식을 염두에 두거나 실패했을 때의 일은 생각하지 않습니다. 그래서 그 사람이 뭔가를 생각하면 그건 벌써 이루어진 거나 다름없습니다. 생각한 시점에서 승부가 나 버린 것이지요."

3. 행동한다

어린 시절을 생각해 봅시다. '오늘은 ○○와 놀고 싶다'는 생각이 들었을 때 당신은 어떻게 했습니까? 그 친구 집에 찾아가서 누구야 놀자 하고 소리치지 않았습니까? 집 안에 틀어박혀서, 그 애가 나랑 놀자고 찾아올지도 모른다고 생각한 사람은 없겠지요.

당연한 일입니다. 그 친구와 놀려면 그 친구가 찾아오기를 기다릴 게 아니라 제 발로 그 친구를 찾아가야 한다는 것은 어린아이도 다 아는 일입니다.

그러나 이렇게 당연한 일을 당신은 혹시 잊어버리고 있지 않습니까. 이렇게 되고 싶고, 저렇게 하고 싶다는 결심을 했으면 그렇게 되었을 때 상상하면서 당장 그에 합당한 노력을 해야 합니다.

베스트셀러 소설을 쓰고 싶으면 매일 원고를 써야 하고, 영어회화를 유창하게 하고 싶으면 어학원에 다니거나 테이프를 들어야 하고, 여름휴가 때 발리 섬에 가고 싶으면 돈을 모아야 합니다.

이렇게 노력하고 행동해야 꿈을 이룰 수 있습니다. 노력은 하지 않으면서 베스트셀러 작가가 되고 싶고, 영어회화를 유창하게 하고 싶고, 발리 섬에 가고 싶다는 마음만 가져서는 몇십 년이 지나도 그 꿈은 결코 이룰 수 없습니다. 기다림만으로 꿈이 이루어질 정도로 우리의 인생은 호락호락하지 않습니다.

다만 행동이나 노력에도 요령이 있습니다. 원인이 결과를 만드는 것이 아니라 결과가 원인을 만든다고 생각해 보십시오. 이렇게 하고 싶고, 저렇게 되고 싶은 목표를 먼저 생각하는 것입니다. 그렇게 하면 우선 무엇을 어떻게 해야 꿈을 이룰 수 있는지 그 과정이 명확해집니다. 따라서 불필요한 일로 소중한 노력과 시간을 낭비하지 않아도 됩니다.

다이어트를 예로 들어 보면 알기 쉽습니다. '요즘 배가 나와서 바지가 맞지 않아. 살 좀 빼야겠어' 이런 생각만으로는 절대로 살을 뺄 수가 없습니다. 어디부터 어떻게 손을 대야 할지 모른다면 행동으로 옮길 수 없습니다. 이런 때도 무조건 목표를 설정합니다.

'표준체중에서 5킬로그램이나 초과했네. 살을 빼려면 적절한 운동을 하고 식생활도 개선해야겠어. 매일 만 보 이상 걷고 저칼로리 식생활을 하자. 엘리베이터보다는 계단을 이용하고 식사도 야채를 많이 먹도록 하자.'

일도 마찬가지입니다. 미래로 거슬러 올라가 현재의 자신이 처해 있는 상황을 바라본다면, 지금 무엇부터 해야 하는지 그 일련의 과정이 분명하게 보입니다. 그러면 행동력이 생깁니다.

4. 포기하지 않는다

현실이 어렵다고 꿈을 접어서는 안 됩니다. 꿈은 결코 당신을 배신하지 않습니다. 오히려 당신이 꿈을 배신하지요.

가령 당신이 단독주택을 갖고 싶다는 생각을 가졌다고 합시다. 그 순간부터 꿈은 항상 당신 곁에 있게 됩니다. '빨리 내 집을 세워 줘' 하고 꿈이 당신에게 속삭일 것입니다. 그러나 당신은 돈이 없고 좋은 자재가 없다고 꿈을 내팽개칩니다. 당신이 꿈을 배신하고 만 것입니다. 누군가가 집을 세웠다간 혼날 줄 알라고 당신을 협박했다면 문제는 달라지겠지만, 그런 말도 안 되는 일은 없습니다. 결국 당신 자신이 포기하고 물러났을 뿐입니다.

문제는 항상 자신에게 있다는 것을 깨닫고, 끝까지 꿈을 끌어안아야 합니다. 아무리 어려운 상황이라도 계속 노력하는 것입니다. 포기하지 않고 계속 노력한다면 반드시 좋은 결과가 있습니다.

또 꿈을 이루려는 생각이 있다면 어떤 형태이든 대가라는 것을 지불해야만 합니다. 얻기 위해서는 잃어버리는 것도 있다는 것을 항상 염두에 두어야 합니다.

예를 들어 흡연자인 당신이 발리 섬에 가고 싶지만 돈이 없어서 못 간다고 한다면 나는 이렇게 외칠 것입니다.

"꿈을 포기하기 전에 먼저 담배를 끊으세요!"

하루에 담배를 한 갑 피우는 사람이 담배를 끊었을 때를 생각해 봅시다. 한 갑에 2000원 하는 담배를 피웠다면 하루에 2000원이 남습니다. 이 돈을 한 달 모으면 6만 원, 일 년이면 72만 원의 돈이 모일 것입니다. 이 돈만으로도 발리 섬에 갈 수 있습니다. 그 정도 돈이면 최소한 제주도에서라도 꽤 그럴싸한 호텔에 머물면서 멋진 휴가를 보낼 수 있습니다.

어떻습니까? 담배를 끊으면 건강에도 좋고 발리 섬에 갈 수 있다니 얼마나 좋습니까. 꿈을 포기해서는 안 됩니다. 그런 생각을 할 시간이 있다면 지불할 대가에 신경쓰는 편이 낫습니다. 우선순위라는 것을 생각하고, 중요하지 않은 것은 과감히 버립니다. 그렇게 하면 당신은 꿈을 향해 한층 더 가까이 다가갈 수 있습니다.

5. 사람을 만난다

사람을 많이 만날수록 기회는 더 많아집니다. 사람과의 만남을 소중히 하면 그들의 도움으로 꿈을 실현할 수 있는 생각지도 못한 기회를 가질 수 있다는 것을 반드시 명심하십시오.

그렇습니다. 꿈은 사람에 의해 지탱되고 사람과의 만남을 통해 이루어집니다. 한 사람에게는 지혜를 빌리고, 또 다른 사람에게는 도움을 받을 수 있습니다. 그런 네트워크를 구축함으로써 몇십 년 걸릴 꿈이 단시일 내에 이루어지는 경우도 얼마든지 있습니다.

그런 마음가짐에 대해서는 3장에서 말씀드렸습니다만, 여기에서는 그 노하우를 소개하도록 하겠습니다. 그것은 다른 사람과 관계를 맺을 때 이 사람은 뭘 잘하는가, 어떤 분야에 정통한가를 미리 파악하는 일입니다.

'A씨는 법률에 정통하니까 그 방면에 어려운 일이 생기면 도움을 받을 수 있을 거야.'

'B씨는 여행 전문가니까 여행에 관해서는 무엇이든 알고 있어.'

'C씨는 출판사에 근무했으니까, 그 방면의 인맥이 풍부해.'

'D씨는 영어에 능통하고 번역도 잘해.'

이런 것을 미리 머릿속에 넣어 두면 급할 때 그 사람의 조언과 도움을 받을 수 있습니다.

그러나 절대로 이해타산적으로 사람에게 접근해서는 안 됩니다. 상대를 이용하자는 생각을 버려야 합니다. 늘 상대를 기쁘게 하려는 생각을 가져야 합니다. 그러므로 스스로의 인간성을 고양시키려는 자세를 늘 가져야 하는 것입니다. 이것만 제대로 지켜 나간다면 어려움에 처했을 때, 주위 사람 모두 믿음직한 조력자가 되어 줄 것입니다.

작은 꿈들이 큰 꿈을 만든다

나는 이런 말을 했습니다. 꿈은 당신을 결코 배

신하지 않으며 당신이 꿈을 배신할 뿐이라고. 모든 문제는 자신에게 있습니다.

그러나 아직도 당신은 이렇게 생각하고 있을지 모릅니다.

'난 도무지 자신이 없어. 안 될 가능성이 훨씬 높다는 생각이 자꾸 들어.'

그렇다면 당신은 복권을 살 때, '이건 안 맞을 거야'라는 생각으로 복권을 사나요? 그런 생각은 절대 안 할 겁니다. 일등에 당첨되면 얼마나 좋을까, 당첨되면 이런 곳에 돈을 써야지라는 막연한 기대감을 품고 살 것입니다.

해외여행을 할 때도 마찬가지입니다. 비행기가 추락하면 어떡하지, 현지에서 문제가 생기면 어떡하지, 여행 가서 건강을 해치면 어떡하지, 그런 걱정을 하면서 여행을 떠나는 사람은 거의 없을 것입니다. 물론 조심해서 나쁠 건 없습니다. 그러나 거기 가서 봐야 할 것, 사야 할 것을 생각하며 즐거운 마음으로 여행을 가는 게 보통입니다.

꿈도 그렇습니다. 자신이 없어, 안 될 것 같아라고 고민하기보다는 나도 할 수 있어, 잘 될 거야라고 긍정적으로 생각할 때 이루어집니다. 설령 이루어지지 않는다 하더라도 그렇게 긍정적으로 사고하는 편이 정신건강에도 좋습니다.

　처음부터 일이 하나도 안 풀리는 경우는 거의 없습니다. 낯선 일에 도전하다 보니 당연히 실패도 하게 됩니다. 그 때문에 자신감을 잃어버릴지도 모릅니다. 그렇다고 해서 꿈을 배신해서는 안 됩니다. 처음부터 완벽한 자신감이 생기지는 않습니다. 많은 실패와 경험을 쌓아 가는 과정에서 자신감도 점점 높아지고 견고해지는 법입니다.

　그러기 위해서는 끊임없이 행동해야 합니다. 그렇다고 무작정 행동만 취해서 되는 것도 아닙니다. 처음부터 자신의 능력에 맞지 않거나, 되지도 않는 일에 도전하면 실패할 확률이 높기 때문에 도중에 좌절해 버릴 가능성도 그만큼 높아집니다. 그렇게 되면, 자신감을 높이려고 했던 것이 오히려 자신감을 잃게 하는 역효과를 초래하기 쉽습니다.

　그러므로 처음에는 조금만 노력하면 이룰 수 있는 작은 꿈, 자신의 눈높이에 맞는 목표를 세워 도전하도록 합니다. 피아노 레슨이 좋은 예입니다. 누구도 처음부터 리스트

(Liszt, 헝가리 출신의 작곡가. 피아노의 거장으로 불린다)의 〈라 캄파넬라(La Campanella)〉를 연습하려고 하지는 않습니다. 보통은 바이엘부터 시작합니다. 영어회화도 그렇습니다. 비즈니스의 최전선에서 사용되는 어려운 회화부터 마스터하려는 사람은 거의 없을 것입니다. 처음에는 기본적인 인사말부터 시작하는 법입니다.

당면목표를 다음과 같이 세워 보십시오.

부기 4급을 목표로 하자, 인터넷과 이메일 조작만큼은 완벽하게 마스터하자, 할당된 영업 목표부터 채우기로 하자, 지금보다 조금 넓은 평수의 아파트로 이사하자.

이처럼 자신에게 가능한 일부터 차근차근 이루어 간다면 성취감을 맛볼 수 있습니다. 꿈을 실현하는 데 필요한 센스나 요령도 점점 터득하게 됩니다. 이렇게 쌓아올린 노력이, 열심히 하면 더 위로 올라갈 수 있다는 자신감으로 연결됩니다.

그러나 사람들이 들으면 깜짝 놀랄 만한 꿈도 품고 있어야 합니다. 앞에서도 말했듯이 원대한 꿈이 삶의 보람을 가져다 주기 때문입니다. 다만, 원대한 꿈을 이루기까지는 많은 시간과 노력이 필요하고, 그 과정이 결코 평탄하지만은 않다는 사실을 알아야 합니다. 산 넘고 물을 건너 험난한 길을 걸어가야 합니다. 그런 어려운 길을 갈 때 작은 꿈을 실현한 성취감이 그 길을 밝혀 주는 등불이 되기도 하고 그곳으로 안내해 주는 지도가 되기도 합니다.

자, 그럼 당신도 조금만 노력하면 손이 닿을 수 있는 작은 꿈부터 도전해 보시기 바랍니다. 그것을 성취할 수 있다면 원대한 꿈이 실현될 미래에 대한 희망을 가질 수 있을 것입니다.

성공은 실패의 뒷면이다

당신이 꿈을 배신하는 이유는 그것을 이룰 자신이 없기 때문이라고 했습니다. 이것을 좀더 깊이 들여다보면, 실패가 꿈을 이루는 데 큰 걸림돌이 되고 있음을 알 수 있습니다.

그러나 꿈의 실현에서 실패는 당연히 따르는 것입니다. 그것을 너무 예민하게 받아들여서는 안 됩니다. 이를테면, 당신이 처음으로 자동차 운전 학원에 갔을 때를 생각해 보십시오. 처음에는 액셀러레이터를 밟거나 핸들 조작 하나 제대로 못했을 것입니다. 그때마다 일일이 충격을 받아 면허 취득을 포기하려고 했나요? 만일 그렇다면 이 세상에 운전을 할 사람은 거의 없을 것입니다. 그러나 실제로는 그렇지 않습니다. 악전고투를 하면서 기어이 당신은 면허를 따고 말았습니다. 이것이 현실(결과)입니다.

꿈의 실현과 실패는 동전의 양면과도 같습니다. 실패는 일을 해 나가는 과정에서 필연적으로 일어나는 현상이므로, 실패 그 자체를 무서워하거나 부끄럽게 생각해서는 안 됩니다. 다만, 실패했을 때 어떻게 대처해야 할지를 생각하면 그만입니다.

그러기 위해서는 무엇보다도 자신의 실수로 실패했다는 것을 솔직하게 인정할 필요가 있습니다. 그러면 저절로 반성해야 할 점이 부각됩니다. 문제점은 어디에 있었는지, 계산에 착오가 있었던 것은 아닌지, 마무리를 느슨하게 하지는 않았는지를 곰곰이 생각하게 됩니다. 문제점이 명확해지면, 다음 할 일도 분명해집니다. 그렇습니다. 이번에는 어디를 어떻게 수정하고 개선하면 좋은지 고려하여 똑같은 실수를 두 번 되풀이하지 않을 대비책을 세울 수 있습니다.

실패라는 말은 교훈과 공부라는 말로 바꿀 수 있습니다. 실패했을 때는 거기서 뭔가를 배우려는 자세를 가지면 그만입니다. 비슷한 예로 요리를 들 수 있습니다. 처음 요리를 하면 생각대로 잘 되지 않습니다. 열을 너무 가하거나 간장을 너무 많이 치는 등, 실수의 연속입니다. 그러나 그때마다 시간을 정확히 재고 간장을 적당히 넣는 요령을 습득하게 됩니다. 이지는 그와 같습니다.

그리고 실수를 저질렀을 때는 무작정 앞만 보고 달리지 말고 때로는 일단 멈춰 서서, 지금의 방식이 옳은지를 확인해 봅니다. 사고방식이나 시점을 바꾸기도 하고 다른 사람과 의논도 해 봅니다. 그러면 반드시 또 다른 길이 보이게 마련입니다.

한두 번의 실패로 쉽게 낙담하면 안 됩니다. 오히려 실패가 꿈의 실현이나 성공에 밀접하게 연관되어 있다는 점을 잊어서는 안 됩니다. 에디슨은 백열전구를 만드는 과정에서 일만 번 이상의 실패를 되풀이했다고 합니다. 100% 흉내를 낼 수는 없겠지만 적어도 그 천분의 일 정도는 보고 배워야 하지 않겠습니까. 만일 실패를 되풀이한다 해도 오랜 시간 계속한 일은 당신에게 큰 재산이 됩니다.

꿈의 실현에 직결되지 않아도 언젠가는 무언가에 도움이 될 때가 반드시 찾아옵니다. 실패는 결코 쓸모없는 쓰레기가 아님을 명심해 두어야 하겠습니다.

꿈을 이루는 데 늦는 일은 없다

당신의 꿈을 실현하는 데 가장 큰 장애물은 무엇입니까?

내가 이렇게 묻는다면, 당신은 뭐라고 대답하시겠습니까? 나이를 너무 먹었다, 능력이 없다, 학력이 별 볼일 없다, 돈이 없다 등 다양한 대답이 돌아올 것입니다.

그러나 내가 보기에는 그 어느 것도 장애가 되지 않습니다.

아무리 나이를 많이 먹어도 시작하기에 늦은 일은 없습니다. 능력도 마음만 먹으면 키울 수가 있습니다. 학력이나 돈은 이야깃거리도 되지 않습니다. 그렇지 않습니까? 학력이나 돈이 없어도 성공한 사람은 세상에 널려 있습니다. 나 또한 마찬가지입니다. 학력도 돈도 없이 출발해서 여기까지 왔습니다. 그런 건 다 핑계에 지나지 않습니다.

그러면 당신의 꿈을 실현하는 데 가장 큰 장애물은 무엇일까요? 그건 바로 당신 자신입니다. 나이를 너무 많이 먹었다, 능력이 없다, 학력이 없다, 돈이 없다고 생각하는 당신의 마음가짐이 바로 장애물입니다.

바꾸어 말하면, 당신의 꿈을 이루지 못하는 것은 거대한 벽에 가로막혀서도 아니고 누군가가 방해를 해서도 아닙니다. 스스로의 마음이 그렇게 만든 것입니다. 불가능할 거야,

이런 심각한 위기는 돌파할 수 없어라고 제멋대로 생각한 결과에 지나지 않습니다.

벽이 전혀 없다고 하면, 그건 거짓말이 되겠지요. 분명히 있습니다. 언젠가는 어떤 형태로든 반드시 벽은 찾아옵니다. 그러나 그 벽은 당신이 아슬아슬하게 뛰어넘을 수 있는 높이입니다. 그 이상의 큰 벽은 찾아오지 않습니다. 마음만 먹으면 얼마든지 뛰어넘을 수 있습니다. 그것을 뛰어넘을 때마다 당신은 조금씩 성장해 가는 것입니다.

처음에는 아주 사소하고 작은 꿈이라도 좋습니다. 어떤 벽이든 반드시 넘을 수 있다고 믿고 첫걸음을 내디뎌 보시기 바랍니다.

꿈에 대해 이렇게 진취적인 생각을 가지게 만들어 준 사람이 있습니다. 바로 리치 데보스 씨 입니다. 그는 지금 전 세계 55개국에 네트워크를 가지고 있는 암웨이의 창립자이자 NBA 올란도 매직(Orlando Magic)의 오너이기도 하고, 역대 대통령들과도 친분이 깊은 사람입니다.

그분 덕택에 나는 올란도 매직의 라커룸에서 샤킬 오닐

선수를 소개받기도 하고, 포드 전 대통령과 제국호텔에서 같이 식사도 할 수 있었습니다. 나의 성공 세리머니 때는 부시 전 대통령이 참석하여 단상에서 기념품을 전해 주시기도 했습니다.

데보스 씨는 뛰어난 비즈니스맨이지만 그 이전에 훌륭한 인품을 지닌, 참으로 존경스럽고 신뢰가 가는 분입니다. 그분과의 만남으로 인해 나는 인간의 꿈과 인생의 보람이 어떤 것인지를 배울 수 있었습니다. 그 중에서 내가 특히 감동받아 지금도 실천하는 말은, '내가 행복해지고 싶으면 먼저 다른 사람의 행복을 위해 노력하고 그 사람의 꿈을 이루어 주라'는 것입니다.

나름대로 그 말을 열심히 실천해 온 나에게 그는 지난번 이렇게 말해 주었습니다.

"카오루 씨, 당신은 다른 사람의 꿈에 생명을 불어넣어 주는 사람입니다."

이런 격려에 힘입어 앞으로도 나는 꿈을 소중히 간직해 나갈 것입니다.

에필로그

모든 만남은 성공의 초대장이다

나만의 에너지를 찾아라

지금의 내가 있을 수 있었던 것은 사람들에게 기쁨을 주는 일에 보람을 느끼고 살아왔기 때문입니다. 내 경우는 그런 습관이 어릴 적부터 몸에 배어 있었던 것 같습니다. 누군가가 시켜서 그렇게 했다기보다는 세상에 눈떴을 때부터 자연스럽게 그렇게 행동했다는 느낌이 듭니다.

아무래도 아버지가 저에게 큰 영향을 끼친 것 같습니다.

아버님은 TV를 매우 좋아하셨습니다. 혼자가 아니라 가족 모두 모여서 보는 것을 좋아하셨습니다. 시험 기간 때 누나와 내가 방에서 공부를 할라치면 시험이 뭐 그리 중요하냐, 어서 와서 TV나 같이 보자고 끌어내곤 했습니다. 그러면 코미디 프로를 보면서 온 가족이 함께 웃고 즐깁니다. 아버님은 TV 그 자체보다는 단란한 분위기가 좋았던 모양입니다.

그런 환경에서 자란 탓인지 나는 철이 들었을 때부터 다른 사람의 웃는 얼굴을 보는 것이 좋았습니다. 예를 들어 반 친구의 생일날이면 많은 친구들이 축하해 주기 위해 모입니다. 모두 흥에 겨워 왁자지껄 떠들다 보면 누가 주역인지도 모르게 됩니다.

그렇게 모두 웃는 분위기가 나는 무척 좋았습니다. 어린 마음에 사람들이 기뻐하면 나도 즐겁다, 그렇다면 사람들을 기쁘게 만들자, 그러면 나도 즐거울 거야, 그런 생각을 하게 되었습니다.

그래서 친구들과 놀 때도 늘 상대가 기뻐할 수 있는 일만 생각하였습니다. 캐러멜이나 만화책을 주는 일은 다반사였습니다. 재미있는 이야기를 들으면 모두에게 이야기해 주곤 했습니다.

'다른 사람이 기뻐하면, 나도 즐겁다.'

처음에는 단지 그런 작은 생각에 지나지 않았지만 어른이 되면서 그것이 나답게 살아가는 데 필요한 에너지로 발전해 갔습니다.

삶의 보람을 구현한 카오루, 자아를 실현한 카오루, 성공한 카오루가 있다면 그 에너지야말로 가장 큰 원동력이었다고 말할 수 있습니다.

다른 사람을 기쁘게 하는 것이 내가 행복해지는 길이다

고등학교를 졸업하고 고향에 있는 어느 악기점에 막 입사했을 무렵 나는 레코드 판매를 담당하게 되었습니다. 그런데 그 가게가 주고쿠지방 레코드 판매 부문에서 1위를 차지한 적이 있었습니다. 시마네 현의 작은 레코드 가게였음에도 불구하고 말입니다.

고등학교를 갓 졸업한 사회 초년생이었던 내가 그런 쾌거를 이룰 수 있었던 이유는 바로 다른 사람들을 기쁘게 만들고 싶다는 에너지 때문이었습니다.

그렇다고 제게 특별한 판매 노하우가 있었던 것은 아닙니다. 당시 회사 창고에는 레코드 선전용 포스터가 많이 있었습니다. 그것을 보고 나는 중학생 때 비틀스의 포스터를 갖고 싶어했던 기억을 떠올렸습니다. 그래서 포스터를 중·고등학생들에게 나눠 주었습니다.

그랬더니 '저 레코드 가게에 근무하는 형은 서비스가 좋아. 갖고 싶어하는 포스터를 막 줘'라는 소문이 퍼져 학생들이 가게에 몰려들게 되었습니다. 그러자 나도 덩달아 기분이 좋아졌습니다.

"그래, 사이먼&가펑클 포스터를 갖고 싶단 말이지. 아마 창고에 있을 거야. 조금만 기다려."

"하드록이 좋아? 그럼, 이 포스터는 어때?"

이런 식으로 포스터를 마구 나누어 주었습니다. 이런 서비스가 효과가 있었는지 처음 보는 사람까지 가게에 와서 레코드를 사게 된 것입니다.

레코드를 사러 온 소년과 이런 일도 있었습니다.

"너 중학생이니, 고등학생이니?"

"이번에 고등학교에 합격했는데요."

"축하해. 근데 찾고 있는 레코드라도 있니?"

"비틀스 거 사려고요……."

"그럼 이 앨범은 어때? 네가 나중에 할아버지가 됐을 때 고등학교 합격을 축하하는 의미로 샀던 레코드라고 생각해 봐. 평생 기억에 남을걸."

"그럼, 한 장 주세요."

이렇게 기쁜 마음으로 레코드를 사 가는 소년의 모습을 보는 것만으로도 기분이 좋았습니다. 또 한 장 팔았다는 생각은 손톱만큼도 없었습니다. 그냥 소년의 고등학교 입학을 축하해 주고, 소중한 추억을 만들어 소년과 함께 기뻐하고 싶었을 뿐이었습니다.

손님들의 취향에도 늘 신경을 쓰고 있었던 나는 손님이 좋아하는 아티스트의 신곡 정보를 누구보다 빨리 알려 주었습니다. 그들의 좋아하는 표정을 보는 일에 나는 참을 수 없는 즐거움과 큰 보람을 느끼곤 했습니다.

사람을 기쁘게 하면 나도 즐거워진다는 경험은 지금의 일을 하게 되면서 삶의 보람으로 바뀌었습니다. 더 정확하게 말하자면, 지금의 일과 내 생각(사람들을 기쁘게 하려는 에너지)이 마치 자석처럼 서로를 끌어들여 그 속에서 '삶의 보람'이라는 새로운 에너지가 탄생했다고 할 수도 있을 것입니다.

그것은 나에게 엄청난 드라마의 시작이었습니다. 나는 비즈니스를 통해 수많은 체험을 함으로써 운명을 개척하는 데 빼놓을 수 없는 귀중한 보물을 만날 수 있었습니다. 덕분에 나는 인생을 마음껏 즐길 수 있었습니다.

나의 모든 것은 다른 사람을 기쁘게 만들고 싶다는 작은 에너지에서 출발했습니다. 남을 행복하게 해 주고 싶다는 생각이 내 삶의 보람으로 이어졌습니다.

처음에는 아무리 작은 행동이라도 좋습니다. 어떻게 하면 사람들을 기쁘게 할 수 있을까, 이러면 저 사람이 기뻐할지도 몰라, 어떻게 하면 다른 사람에게 감동을 줄 수 있을까,

어떻게 하면 다른 사람을 도울 수 있을까, 늘 이런 생각을 하면서 행동하면 어떨까요.

그러는 사이에 삶의 보람과 자아실현으로 이어지는 최선의 길이 눈앞에 나타날 것입니다. '내가 정말로 하고 싶었던 일은 이거야, 이렇게 하면 남도 행복하게 할 수 있고 나도 행복해져' 하며 인생의 본질을 순간적으로 포착할 수 있을 것입니다. 또한 망설임 없이 그것을 자신의 것으로 흡수할 수 있습니다.

그 순간 당신은 자신의 손으로 찬란한 미래를 선택한 것입니다.

최선의 만남이 운명을 바꾼다

당신에게 행복한 인생이란 어떤 것입니까?
내가 이렇게 물으면, 당신은 뭐라고 대답하시겠습니까?
'항상 건강하게 지내는 것.'

'보람 있는 일을 하는 것.'

'바다가 보이는 아파트에서 사는 것.'

'마음에 드는 것, 좋아하는 것에 둘러싸여 생활하는 것.'

'사업에 성공해서 부자가 되는 것.'

여러 가지 대답이 있을 수 있습니다. 물론 이런 행복을 추구한다고 해서 나쁘다는 건 아닙니다. 오히려 그렇게 해서 꿈을 발견하고, 분발할 수 있다면 대환영입니다. 또 그런 소망을 이루었을 때 당신은 분명 행복감에 젖을 것입니다.

그러나 행복감은 시간이 지나면 사라질 수도 있습니다.

예를 들어 낡은 아파트에서 고급 아파트로 이사 가면 처음에는 누구든 행복해 할 것입니다. 호화찬란한 샹들리에나 대리석으로 된 욕조를 갖춘 최고급 빌라라면 더할 나위가 없겠지요. 그러나 몇 년이 지나면 그런 기분도 점점 없어집니다. 정원이 딸린 넓은 집에서 살고 싶은 새로운 욕망이 점점 고개를 쳐들지도 모릅니다.

명품에 둘러싸인 생활에 행복의 가치를 두는 사람도 마찬가지입니다. 갖고 싶던 명품을 손에 넣으면 그 순간은 기쁠

지도 모릅니다. 그러나 시간이 흐르면 더 비싼 양복이나 최신형 가방을 갖고 싶다는 욕구가 다시 생겨날 것입니다. 그렇게 되면 마음 편할 날이 없어지고, 오히려 행복감은 점점 사라지고 맙니다.

어떻습니까? 당신에게 해당되는 얘기는 아닙니까?

행복감은 왜 점점 사그라들까요. 이유는 간단합니다. 그것은 우리가 꿈꾸는 행복이 자신의 쾌락을 충족시키려는 욕망에 지나지 않기 때문입니다. 그렇기 때문에 하나의 욕망이나 쾌락이 충족되면 금방 다른 쪽으로 눈이 가게 됩니다. 그런 되풀이 속에서는 결코 만족감을 느낄 수 없습니다. 따라서 행복감도 지속되지 못합니다.

그렇다면 늘 행복감에 젖으려면 어떻게 해야 할까요? 자신을 사랑하는 데서 벗어나 이타적인 사랑에 눈을 떠야 합니다. 이타적인 사랑이란 다른 사람의 행복을 위해 생각하고 행동하려는 자세를 말합니다. 그것은 자신의 행복을 바라기 전에 상대방의 행복을 먼저 바라는 자세입니다. 다른 사람에게 기쁨이나 감동을 주는 일, 도와주는 일, 헌신하는 일을 우선적으로 생각하는 것입니다.

행복이란 그것을 추구하는 동안은 물 위에 비친 달그림자를 쫓는 것과 같아 결코 얻을 수 없습니다. 그러나 그것을 나를 위해 추구하지 않고 다른 사람에게 주려고 할 때 그 은혜가 수십 배가 되어 내게로 돌아옵니다.

당신은 일류 스포츠 선수가 몇십 억이라는 연봉을 어떻게 손에 넣는지 생각해 본 적이 있습니까? 그것은 그들이 뭔가를 주는 일에 늘 힘을 쏟기 때문입니다. 구장에 찾아온 관객이나 TV를 관전하고 있는 몇십 만이 넘는 팬들에게 멋진 경기로 기쁨과 흥분, 감동을 주기 때문입니다.

수많은 명곡을 배출한 뮤지션이 누구나 부러워하는 생활을 할 수 있는 것도 마찬가지입니다. 마음을 편안하게 하고 용기를 주는 곡으로 청취자에게 기쁨과 감동을 주기 때문입니다. 그 은혜가 눈에 보이는 형태가 되어 자신에게 되돌아오는 데에 지나지 않습니다.

그렇다면 당신도 어떻게 하면 당신이 행복할 수 있을까를 생각하기 전에 이타적인 사랑에 눈을 떠 다른 사람의 행복을 우선적으로 생각해 보는 게 어떨까요. 다른 사람에게 무엇을 줄 수 있을까, 그러려면 지금 무엇을 해야 할까를 생각해 보지 않겠습니까?

이것은 상대를 위함과 동시에 자신을 위하는 길이기도 합니다. 다른 사람에게 기쁨과 감동을 주면 줄수록 당신은 더 많은 은혜를 받게 됩니다.

자, 당신이라면 어떤 방식으로 다른 사람에게 기쁨과 감동을 주겠습니까?

지금까지 나는 선마크 출판사에서 일곱 권의 책을 냈습니다. 다행히 일곱 권 모두 베스트셀러가 되었고 독자로부터 삶의 희망이 생겼다, 인생을 즐겁게 살 수 있는 방법을 발견했다는 등 기쁜 소식을 많이 접할 수 있었습니다.

그런 한편으로 기회를 확실하게 잡을 수 있는 방법을 알고 싶다, 인맥을 만드는 구체적인 노하우를 알고 싶다, 꿈을 이루기 위한 요령을 더 자세히 알고 싶다는 질문도 많이 받았습니다.

이러한 독자들의 요청에 응하면서 지금까지 출판한 책에

서 설명이 부족했던 점을 보충하고, 나의 성공철학을 체계화해 보려는 의도로 새로이 집필한 것이 바로 이 책입니다.

이제 당신도 만남의 소중함에 눈떴을 것입니다. 만남이 운명을 바꾼다는 사실도 깨달았을 것입니다. 그리고 자신의 미래에 대해 꿈과 희망을 가졌으리라 믿습니다.

당신에게 남은 일은 삶의 현장과 하루하루의 체험 속에서 만남을 통하여 얻은 지혜를 인생의 길 안내로 삼는 것뿐입니다.

마지막으로 다시 한 번 말씀드리겠습니다. 누구를 만날 것인가. 그리고 그 만남을 소중히 할 수 있느냐에 따라 당신의 운명은 결정됩니다. 문제는, 당신이 누구를 만나고 어떤 것을 선택하느냐에 달려 있습니다.

운명은 당신이 최선의 만남을 가지기를 학수고대하고 있습니다.

'성공한 나'와 만나기

"나카지마 카오루의 성공법칙을 한 권으로 요약하고 싶습니다."

선마크 출판사로부터 이런 요청을 받고 나는 생각에 잠겼습니다. 왜냐하면 아직 나의 성공법칙에 대해 지금까지 그다지 생각해 보지 않았기 때문입니다.

분명히 나는 내가 원하는 모든 것을 손에 넣어 왔습니다. 그냥 내가 할 수 있는 일을 했을 뿐이지만 그것만이 전부는 아닌 것 같습니다.

미로를 빠져나온 뒤에는 돌이켜보면서 다행이라며 안도의 한숨을 내쉬지만, 그걸 빠져나오기 위해 쏟은 노력은 엄청난 것이었습니다. 그 노력의 과정을 생각하고 분석해서 정리한 것이 이 책의 내용입니다.

내가 어떻게 성공을 거두었고 어떻게 해서 원하는 것을 손에 넣었는지를 규명하기 위해서는 나의 뿌리부터 살펴보아야 합니다. 어떤 가정에서 태어나, 어떤 교육을 받고, 어떤 소년 시절을 보냈으며, 어떤 식으로 성장해 왔는지, 그런 것들을 재조명하면서 나 자신도 의식하지 못했던 사물을 바라보는 관점이나 사고방식, 신조 등을 새롭게 인식하게 되었습니다.

그것은 내게 참으로 소중한 체험이었습니다. 이 책 속에는 나의 오랜 친구조차 '아, 그런 일이 있었구나' 라고 놀랄 일도 나와 있습니다.

그럼 당신에게 성공이란 무엇인가요?

그것이 무엇이든 이 책을 통해 그것을 발견하고, 반드시 그것을 손에 넣고 말리라 하고 스스로에게 약속할 수 있다면 저자로서 더 바랄 것이 없습니다.

사람은 누구나 행복을 위해 살아가고 있습니다. 그리고 행복의 추구는 자신에게 가장 적절한 방식으로 이루어 나가야 합니다.

나를 아는 것, 내가 진정으로 바라는 것이 무엇인지를 아는 것이야말로 성공적인 인생으로 나아가는 첫걸음입니다.

자, 이제 당신은 단순한 성공법칙이 뭔지 알았습니다. 당신은 앞으로 나아가기만 하면 됩니다. 아직은 보이지 않는 '성공한 나'와 '새로운 나'를 만나러 갑시다.

나도 성공한 당신의 미래를 보고 싶습니다.

단순한 성공법칙

지은이	나카지마 카오루
옮긴이	곽기형

1판 1쇄 인쇄	2004. 2. 12
1판 1쇄 발행	2004. 2. 16

펴낸곳	도서출판 황금비늘
펴낸이	배시병

기획 및 편집 디렉팅	송성호
마케팅	권희준
표지디자인	디자인캠프 엄혜강
본문디자인	디자인캠프 나수정
교정·교열	디자인캠프 정세현, 김호주
인쇄·제본	미르인쇄

등록번호	109-90-82197
등록일자	2003. 11. 1

주소	서울특별시 강서구 가양동 1488-6 청원빌딩 5층
전화	02-3663-7668
팩스	02-3663-7118
e-mail	thelr@hanmail.net

값 12,000원
ISBN 89-91013-00-7 13320

잘못 만들어진 책은 구입하신 서점에서 교환해 드립니다.